老周望野眼

穿街走巷中的城市史

周力 著

上海大学出版社

图书在版编目(CIP)数据

老周望野眼：穿街走巷中的城市史 / 周力著. —上海：上海大学出版社，2023.7

ISBN 978-7-5671-4764-5

Ⅰ.①老… Ⅱ.①周… Ⅲ.①城市史—上海 Ⅳ.①K295.1

中国国家版本馆CIP数据核字（2023）第121631号

责任编辑　陈　强
封面设计　一本好书
技术编辑　金　鑫　钱宇坤

老周望野眼：穿街走巷中的城市史
周　力　著
上海大学出版社出版发行
（上海市上大路99号　邮政编码200444）
（https：//www.shupress.cn　发行热线021-66135112）
出版人　戴骏豪

*

南京展望文化发展有限公司排版
上海华业装潢印刷厂有限公司印刷　各地新华书店经销
开本890mm×1240mm　1/32　印张10.5　字数243千
2023年7月第1版　2023年7月第1次印刷
ISBN 978-7-5671-4764-5/K·273　定价　52.00元

版权所有　侵权必究
如发现本书有印装质量问题请与印刷厂质量科联系
联系电话：021-56475919

序

野字的告白

我，以前叫小周，后来有人喊我老周。那时候多少有点自嘲的意味。现在，不折不扣了。

我是一名体育记者，跑体育的。和绝大多数人一样，朋友不少，冤家也有。每天工作、应酬、上班、下班……正经事不少，烦心事也有。如果你喜欢体育，又凑巧是上海人，或许看过我做的节目，一来二去地，将近三十年了。

人到中年，身边的好友有点茫然，是不是中年危机不清楚。在我大学毕业那年，有位老人对我说过这样一段话："在上海这个地方，做个职员谋个事很容易，但要保持自己独立的思考，那就不容易。业余时间，不妨写点东西。"

惭愧，很多年忙忙碌碌，都是为稻粱谋。或许是为了抵抗中年危机,我自己搞了个"号",把我的闲暇时间关在了这个"号子"里,而思绪却因此飞了起来。因此我把它命名为"望野眼"。

"野"这个字,普通话读起来嘴是闭起来的,只有用上海话或者说吴语来读,才是开口音,才显铿锵,才有情味。有好心的朋友劝我:"你这个野字不好,用普通话念,读起来别扭。"

朋友是好心,我懂。他们希望我的文字能有更多人喜欢。无奈,我既用了这个"野"字,本就没有"权倾朝野"的"野心"。我想做的,是一朵原野上的小花,野蛮地生,野性地长,望望野眼,足矣。别人看的是顺当还是别扭,随缘。

每天慌慌张张地活在忙与盲的世界里。如果还有一点属于自己的时间,我很愿意在上海这座城市里走走。在我眼里,它不是什么"魔都",它不过是长出了钢筋水泥的一块野地。

走走,看看,拍拍,写写,望望,野野。

感谢这个思维勃发的互联网时代,让我这支一直写"解说词"的秃笔,也在各种我感兴趣的领域跨了界。因此认识了很多新的朋友,见识了更多新鲜的事。

公众号"老周望野眼"从2015年10月开始做,至今快八年了。粉丝有不少,热帖也发过一些。以前朋友看到我,问的是:"你在忙点什么?"后来都改口问:"你又在望点啥野眼?"

现在有机会和上海大学出版社合作,把我的一些文字结集成册,也好。算是给自己这几年的生活作一点回顾和总结。

以上,算是"老周望野眼"的"自书告身"吧。

目录

街弄漫游

一个关于弄堂的白日梦 / 3

卢家湾的由来及"二六轰炸" / 8

思南路遐思 / 13

日落时分的复兴中路花园公寓 / 19

献给五爱中学的Grace们 / 25

闲话比乐中学 / 30

复兴公园马恩雕像与草坪的往事 / 35

南京路背后的香风与热血 / 39

南市寻常巷陌里的老教堂 / 44

上海老城厢曹氏家族旧事 / 49

"永不消逝的电波"在黄浦 / 53

绝不仅是美食街的黄河路 / 58

新局门路老厂房的一段痛史 / 63

黄浦少年路，茫茫人生路 / 68

一些鲜有人知的"一·二八"抗战纪念地 / 72

寻访上海南市难民区纪念碑随感 / 77

寻访上海的"大王庙"遗踪 / 83

上海海关钟楼的风雨夜 / 88

兴安路：作为淮海中路"夹里"的小历史和小生活 / 93

短短龙门路，长长大历史 / 97

淮海路这个街角的前生再前生 / 103

茂名南路法国总会和淮海运动场 / 107

在福州路和宝山里寻找开明书店旧址 / 113

杨浦卡拉奇路的邬达克作品 / 118

杨浦图书馆老楼的建筑与人 / 122

浪奔浪流的定海路桥和国棉十七厂 / 129

南洋医院的生命雕塑 / 134

朱葆三与"血巷"溪口路 / 139

在百乐门，舞吧，舞吧，舞吧 / 142

市井杂谈

关于黄浦江轮渡的回忆 / 149

马桶琐忆 / 153

小落回 / 157

还记得泥城桥的煤气包吗？/ 161

老娘舅、娘舅和爷叔、老爷叔 / 166

也谈上海人的"头势" / 170

上海人的"派"和"派头" / 175
长亭外的弘一法师李叔同 / 179
"海盐好人"在上海 / 183
上海人过年十样景 / 188
关公磨刀日和上海的关帝庙 / 193
冬至何必搞得阴森森？ / 198
复兴公园乘电马的奇幻记忆 / 201
半夜三更调查户口 / 206
停云里不应被遗忘 / 211
建国东路大康里的帮会风云 / 216
新昌路酱园弄杀夫奇案 / 221
黄陂南路的夺命自流井及其他 / 225
电线木头 / 231
马浪路的浪 / 236

饮食男女

咖啡和大蒜 / 245
腌笃鲜 / 250
小暑黄鳝赛人参 / 253
吃蟹 / 257
沧浪之水下碗面 / 262
缺了绿豆芽的夏天是没有灵魂的 / 266
做葱油饼的驼子和胖子 / 269
三虾面和炒肉面 / 273

杏花楼玫瑰豆沙月饼 / 278

"你的生煎包过一过" / 282

弄堂砂锅馄饨 / 287

拼盆 / 291

疗伤大肉粽 / 295

四如春和电风扇冷面 / 299

也谈甲鱼 / 303

大肠面 / 306

哈斗就是hotdog / 310

涮羊肉的吃法 / 314

刀鱼和老半斋 / 318

永远排队不息的"光明邨" / 323

跋：繁华万象，信步所及 / 328

街弄漫游

一个关于弄堂的白日梦

那是很多年后的事了,当时我正在做梦,做一个关于弄堂的白日梦。

早晨,阳光刚刚从木头窗棂的缝隙间照到我身上,有些慵懒却并不炙热,分明是暑假。窗外有知了发出"吱吱"的聒噪,还有不知谁的耳语。忽然我闻到一股浓烈的烟味,那是我异常熟悉的味道,熟悉到曾经有很多年,我敏感的鼻子只要一闻到这个味道就会发出震耳欲聋的喷嚏。这时我祖母应该过来对我说:"上楼去吧,要生煤炉了。"然而并没有,烟味越来越浓烈,我都有点呛着了,"谁在生煤炉啊?"我大喝一声,醒了。

睁眼一看,哪里来的弄堂、木头窗棂,有的只是用千篇一律的复合地板、彩色涂料和席梦思装修起来的家庭公寓。是的,那年我在里约热内卢,那年巴西办世界杯。我听到的知了"吱吱"的聒噪和陌生人的耳语,是同事在客厅里打牌。我闻到生煤炉的味道,是他们在抽烟。"几点了？准备准备该出去干活了"，那只是一个太过寻常的工作日的午后。

那时距离我家拆迁，已经过去了二十多年。事实上在拆迁之前，我家早就用上了煤气，生煤炉已是遥远而陌生的记忆，但人的记忆是不会骗人的，即使过了那么多年，即使煤炉早已从你的生活中消失，只要一有机会，它就像幽灵一样出现在你的梦境里，告诉你你是谁，你从哪里来。因为有一只敏感的鼻子，每次家里生煤炉，我都要躲到楼上去，其实生煤炉的味道还是会飘上来，我还是会惊天动地地打上好多喷嚏。我会扒着前楼的窗户往下看，先用旧报纸把木柴点燃，再放上一只中间有很多出气孔的煤饼，整条弄堂弥漫着一种烟雾缭绕的仙气，"啊……嚏！"那一刻你仿佛羽化登仙。

我是在上海一条普通得不能再普通的弄堂里长大的，进弄堂第一家。小时候我经常生病，感冒发烧。一生病就不能去学校了，躺在家里的五尺头大棕绷床上，呆呆地望着天花板出神。那些发烧的日子，我看着木头的纹路，想象这是一条河、一座山、一张脸、一群人，还有屋顶挂着的篮子，那里有很多好吃的，饼干、糖、开洋……大人们一惊一乍的，一发烧就送去瑞金医院打针，红色的砖墙，一样木质的窗台，用手轻轻一剥，被太阳晒得斑驳的漆皮会掉下来。据说我是在那里出生的，而家人又说我是从苏州河的船上捡回来的，这么矛盾的两件事，我竟然都深信不疑，从未细想过其中的蹊跷。

有时我会穿越一整个上海市，去城市的东北部。虹口公园坐上9路电车，过了上农新村，就到了农村。我的父母在大学工作，父亲的实验室、母亲的图书馆，学校的公共浴室，还有那座顶着个硕大中式屋顶的大礼堂。我太熟悉那些地方，就像我熟悉我家的天花板和瑞金医院急诊间斑驳的窗台。我在那里见到很多教授，冬天戴顶呢制的鸭舌帽,藏青色的中式棉袄,米色的羊毛围巾紧紧地勒着脖子,说话说得开心的时候,黑色秀郎架眼镜背后泛着光。他们抽烟,烟味很冲,味道像极了生煤炉。学校的房子和瑞金医院也很像,楼梯、地板、门框都是黑色的,和高高的书架一个颜色。推开沉重的木门进入图书馆,妈妈会叮嘱我"不要发出声音",而我会用尽力气在书架间穿行,想象自己是丛林中的战士,正在寻找敌人的营地。跑累了就用胶鞋的鞋底尽量在打过蜡的橡木地板上滑出令人心悸的声音,"嗞……"

我在弄堂小学毕业,然后进了中学。我的中学在徐家汇路肇周路口,五爱中学。呀!这里的楼梯、地板、门框,和我妈妈单位图书馆一模一样,也是黑黑的,发着光。进了中学,老师不再叫"老师",而叫"先生",女的也是。先生们和大学里的爷爷们也像,呢制的鸭舌帽、藏青色的中式棉袄、米色的羊毛围巾和黑色的秀郎架眼镜。同学们在传:这个人有水平,不过他苦啊,看他那条腿有点瘸对不对?他跳过楼。老师并不在意这些耳语,他用教鞭在讲台上敲一下,悠悠地说:"同学们,要想学好英语,首先要用英语思考,教材上的中文注解,你们不用去看,我的课上不说中文,请大家一定注意。"

那时我们不懂什么是东路、中路或是西路,我们只知道有复兴路、建国路。至于它们原来的名字"辣斐德路"或是"薛华立路",更是不会知道的。高中三年,倒有两年的时间是在建国西路度过的,当时徐家汇路的五爱中学拆除重建,我们借了建国西路原来五十五中学的校舍"过渡"。那是我第一次穿过瑞金二路,走进神秘的建国西路。本来,淡水路以西的建国路就不那么有生活气息,那里的房子更高、更大、更结实,而且透着一种让小孩子害怕的气息。历史书里说某某某杀人如麻，小孩晚上哭闹，说某某某来了，小孩就不敢哭了。建国路没有那么可怕，但走到那里，人真就会肃穆起来。后来我才知道，建国中路的北侧，是原法租界的巡捕房、法庭和监狱，南侧虽然是民居，但多的是原来的法官、捕头们的私宅。尤其是建国中路思南路口，是著名的第二看守所，阴森森的。

但总要从建国路走，慢慢地开始观察这里，深宅大院背后的质地。毕竟是高中生了，开始学坏，有人开始抽烟，渐次传染到全班。学校隔壁就是步高里，一条干净、整洁、上档次的弄堂，那时却是我们偷吸香烟的地方。许多年以后，当我走过重新整修过的弄堂大门，看着"CITÉ BOURGOGNE 1930"和实际有些凋敝、暗淡的弄堂形成的巨大反差，我无法把它和当年那条宽阔而幽深的弄堂联系起来，以至于我拼命回想，也想不出当时陕西南路的馄饨店、辣酱面都去了哪里。只有走到学校门口的时候，耳畔才似有若无地传来班主任带有四川口音的普通话："出去抽烟了是吗？没有？手伸出来让我闻闻……"嘿嘿，老师，你以为我们会像男老师那样用手叼着烟吗？那岂不是自投罗网？

我家是1991年动迁的。动迁组里有个身材高大、毛孔粗壮、烫头发的中年女人，"你们要响应国家号召"，这样的语言对我祖母那代人是具有绝对杀伤力的。"不要和他们争什么，身宽不如心宽啊，走吧。"改革开放很多年了，但民国时代过来的人，还是用谨慎和畏惧的心态看待眼前的一切。那天是十月一日，国庆节。很多大件家具已经送去乡下老家，留下的是一些生活必须用品。千挑万选，祖母留下了三样旧家具：八仙桌，饭要吃的；一只有镂空雕花的衣橱，那是她的陪嫁；还有家里的写字台，"那是你爷爷写字的地方"。搬场公司的汽车缓缓驶动，我回头看了一眼我的家，再见了！

我的五尺头棕绷大床,还有床顶天花板上的那条河,那座山,那张脸,那群人……再见了,我的青春。

之后我住过大学宿舍,住过杨浦,住过浦东,"卢湾"对于我来说,似乎已经成了遥远的过去。我逐渐淡忘了这个地方,我只想走出去,去看看大江大海。直到十年前,一次偶然的机会我又搬回我出生的区域。我在曾经熟悉的街道行走,却发现已经找不回当年的老家。我意识到我错过了一些人和事情。老房,伴随着隆隆的机器声消失了;老人,带着一肚子的故事,一个接一个地在改建过的医院急诊室里告别了人世。取而代之的,是鳞次栉比的高楼大厦和热闹发达的商业网点,新的,一切都是新的。

我想把残存的上海记忆作为礼物献给自己,那种让人一辈子都带着莫大幸福的回忆。我深知时光不会重来,当我在写这几行字的时候,推土机、土方车正在涌来。那会是座什么样的新城呢?充满年轻的活力,永不凋谢。吸纳全世界的资金和人才,光彩夺目。身处这样的时代和这样的城市,人必须奋进,要向前看。只是,在某些瞬间,永远不会欺骗人的记忆,在梦境中悄悄降临了,有时是一阵烟,有时是一个画面。于是我穿街走巷,尽力寻找上海曾经的印记。我的力量微不足道,但我知道我不是一个人。

尤其让我欣慰的,是有很多年轻人,他们和我有一样的想法。他们也在这座城市穿梭,用影像、文字、画笔、音乐……用他们熟悉和擅长的手段留下这座城市的历史。我想人们终将知道,兴盛和衰败究竟是什么意思。那时我的思绪回到1991年,我的五尺头棕绷大床,还有床顶天花板上的那条河,那座山,那张脸,那群人,他们复活了。他们在对我说:"我想留下。"

一个关于弄堂的百日梦,这就是我喜欢上海的理由。

卢家湾的由来及"二六轰炸"

熟悉的朋友都知道,我出生于上海原卢湾区,身份证编号是310103开头,现属于黄浦区。故事,不妨先从我的家说起。"卢湾"二字之由来,原是个美丽的错误。

开埠之前的上海水道纵横,肇嘉浜"小河弯弯向东流",流过打浦桥后拐了个弯,拉出个"S"形的弧度,继续向东,鲁班路以东的路名为徐家汇路。就在肇嘉浜路和徐家汇路接头的地方,泰康路以南,原有条肇嘉浜的支流"芦家湾","卢湾"二字,即来源于此。

以前的人写字没有现在这么规范,常写异体字。其实"芦家湾"本身就是个不准确的地名,根据相关记载,此地最早的名字是"罗家湾",因有姓罗的人居住而得名。不知怎的罗家湾成了芦家湾,再后来写着写着草字头也没了,成了"卢家湾"。根据《卢湾区志》记载,民国三十四年(1945年)12月建区,当时还叫"芦家湾区"。卢家湾区和卢湾区的名字，属于"习用"。到1949年5月，上海市军事管制委员会签署接管令时，"卢家湾"的写法开始进入文件，1950年6月，上海30个区成立人民政府，"卢湾区"登堂入室成为正式名称。

徐家汇路和鲁班路交界处，原有法商水电厂，路口有一座高耸的自来水塔，是租界时代的遗物。后来自来水塔的位置建起大楼，原名电力大厦，现名汇泰大楼，也和水电有很深的关系。

随着城市的发展，卢家湾的模样变了很多，曾经狭窄的小马路成了连接东西的康衢大道，原来的棚户平房成了高楼大厦，那条原先可以从肇周路斜桥一直通到徐家汇的斜徐路，一缩再缩，缩得几乎没有了。要知道当年的斜徐路是上海的主干道之一。肇嘉浜曾是租界和华界的分界线，浜南的华界，沿河的马路就是斜徐路。后来肇嘉浜路改造，徐家汇路拓宽，老的斜徐路就此没了踪迹，只保留丽园路到徐家汇路中间的一段，说它是路，不如说更像一座纪念碑，告诉人们这里曾经的历史。

从罗家湾到卢家湾，肇嘉浜这条支流早就难寻踪迹，但在小河的旧址上，后来建造了一条弄堂，即现在的徐家汇路454弄，原名卢家弄。说起这条弄堂，故事可就多了。此弄曾名东海坊，建于1912—1936年间，原来的房子都是旧式里弄，砖木结构的住宅有70幢，老居民有300多户、近千人。卢家弄有三个弄口，一个在徐家汇路454弄，一个在南边的536弄，另一个通往泰康路。就在卢家湾，出过一个名人——举重冠军、大力士常冠群。

常冠群是江苏东台人，10岁到上海，先在建筑工地做小工，后转到法商电车公司和永嘉路工务局做修路工。1943年他在打浦桥日晖东路（今瑞金南路）租了间街面房，开了一家"万信柴行"，专做木柴生意。常冠群的人生本来和绝大多数老上海人差不多，打工挣

今日卢家弄

钱自己做点小生意,但因为他独特的体格,人生发生了改变。常冠群身高1米84,体重达到120公斤,天生神力又练过心意拳,从小就喜欢和人比力气,一有空就练习石担石锁。做木柴生意以后,天天劈柴捆扎,练就了一副铁打的身板。1948年旧中国在上海举办全国运动会,常冠群代表上海警察队参赛,以325公斤的总成绩获得次重量级冠军。当时常冠群已经35岁了,之前从未练过举重,也没有教练教过他,他就是通过自学加天生神力,成为民国时代的举重全国冠军。

1953年第一届新中国上海市运动会,常冠群代表卢湾区参赛,又以327.5公斤获得第一名,还打破了全国纪录,那年他已经40岁了。因为得到专家教练的指点,年过不惑的常冠群成绩稳步提升,

1959年，46岁的他获得第一届全运会冠军，成绩是395公斤。从民国最后一位冠军，到新中国第一位冠军，中间经历了11年，而他的成绩竟然提高了整整70公斤。1953年到1960年，他又十多次参加全国性的举重比赛，始终保持重量级冠军。1963年他到印度尼西亚参加新兴力量运动会，那年已经50岁了。

常冠群退役后在卢湾体育场担任举重教练，人们亲切地用他名字的谐音称他为"常冠军"。物资匮乏的年代，每天需要吃两斤饭的"常冠军"经常饿肚子，原来强壮无比的身体开始患病，1977年退休后，只享受了两年生活就去世了，享年66岁。

卢家湾的历史似乎已经湮没，但在卢家弄口、徐家汇路过街天桥的地方，还有一处遗迹，在提醒着人们：勿忘历史。1950年，在卢家湾确实发生过喋血惨案。

"二六轰炸遇难同胞纪念碑"高不过一米，位置在泰康路徐家汇路路口天桥下的花坛里。走过时如果不仔细看，或许会忽略。但这座纪念碑承载的历史，却相当沉重。根据历史记载，1949年5月上海解放，国民党军队退到舟山群岛。从1949年10月到1950年2月，国民党空军对上海进行了20余次空袭，其中1950年1月7日到2月6日，连续4次集中对上海的电力生产单位和城市重要设施发动重点攻击，尤以2月6日的"二六轰炸"最为猛烈。当日中午12时25分到下午1时53分，国民党空军派出4批次17架轰炸机，在上海上空投弹67枚。国民党空军的目标是水电厂，但炸弹不长眼，可怜卢家湾地区的群众，因居处毗邻要害单位，不幸遭遇飞来横祸，死伤300多人，毁屋81间。1951年2月18日，上海市卢湾区各界人民代表会议协商委员会在卢家弄口竖立纪念碑，纪念在"二六轰炸"中遇难的无辜百姓。

卢家湾的由来及"二六轰炸"

二六轰炸遇难同胞纪念碑

在卢湾区死难三百多名百姓,这是非常不得了的。根据《卢湾区志》的记载,从1937年淞沪会战开始,到1945年日本投降,八年抗战期间,整个卢湾区境的居民总共遇难64人、受伤45人。另外1945年6月两架日本飞机演习中相撞,其中一架坠落在今复兴中路济南路附近的停云里,造成61人死亡,38人受伤。国民党军队原本的想法是破坏上海工业生产、震慑老百姓,但事与愿违,遭受轰炸的水电厂只停工了一天,过了半个月就全面恢复了。

七十多年过去,卢家湾遭受轰炸的往事似乎没有多少人记得了,这块残留的纪念碑,却是那段血泪历史的见证。在漫长的历史年代中,它曾历尽坎坷,一度去向不明。偶然被发现时,已被拦腰砸断,不得不用水泥修补,并加了一层边框作为固定,重新立在卢家湾。今日的卢家湾已成寸土寸金的宝地。从小河弯弯一路走来,但愿后人不要忘了卢家湾的历史。

思南路遐思

有这么一种说法：相比于诗歌文学和绘画雕塑，法国的音乐相对没那么璀璨。这种说法也对也不对。说"也对"，那是和德国、奥地利、俄罗斯比，法国的超级巨星少了一些。说"也不对"，是和世界上其他国家比，无论是热爱音乐的程度还是音乐家的数量，法国都不遑多让。何况，在顶级的作曲家中，德彪西和马斯奈的影响力也是毋庸置疑的。

说到马斯奈这个名字，缘于一次和家人在法国餐厅的聚餐。菜式如何且不去说，餐厅的装潢颇有法国情调。墙上挂着众多和法国有关的名人相片，大致认了认，从卢梭、孟德斯鸠到毕加索、海明威，从巴尔扎克到萨特、波伏娃，简直就是一次法国文化的简易图片展。法餐嘛，所谓的"情调"，和法国文化是息息相关的。在一排照片中，我发现一张相对陌生的脸：那不正是儒勒·马斯奈（Jules Massenet）吗？在餐厅看到他的照片，多少有点意外，但我想即使不懂古典音乐的人，也知道他的名作《沉思》，即使不知道《沉思》的名字，听到《沉思》的旋律，也会感觉非常熟悉。对于我们在卢湾出生长大的朋友而言，看到马斯奈的照片又会有一种别样的亲切，因为卢湾曾经有一条以他名字命名的"马斯南路"（Rue Massenet），那是卢湾人引以为豪的一条马路呢！

上海那些曾经带有殖民地色彩的路名，在1943年的时候都改掉了。但从有些路名中，还依稀能感觉到从前的气息，比如茂名北路原名慕尔鸣路，马当路原名白莱尼蒙马浪路，用上海话读起来读音颇为相似。法国人用人名命名了很多马路，什么辣斐德路、薛华立路等，这些都已经成了历史中的陈迹。但有几条马路，还有很多人记得。比如思南路的原名马斯南路，是纪念音乐家马斯奈的（马斯奈旧译马斯南），用了贵州的地名"思南"取而代之，少了一"马"，意思大不一样了。还有皋兰路原名高乃依路，皋兰，高乃依，你不得不佩服改地名的朋友灵机这一动。

思南路是卢湾的一张名片！据说这条始建于1912年的马斯南路，在开辟的时候就是按照高档住宅区规划的，掩映在高高的法国梧桐背后的，是庭院深深深几许。思南路上有许多处名人故居，其中最著名的是周恩来同志曾经工作和战斗过的中国共产党代表团驻沪办事处纪念馆（也就是人们常说的周公馆），以及它著名的"枪篱笆"。在这条路上住过的还有程潜、李烈钧、陈群、杨森、薛笃弼、梅兰芳……哪个名字报出来，都是赫赫有名，何况还集中在一起，多少近现代史的大事，就在这里发生。

和这些名人故居齐名的，是思南路的幽静。几乎每一幢住宅都有围墙，思南路除了北端靠近淮海路和南端靠近泰康路的两头之外，整条马路几乎没有店铺，也没有公共汽车经过，连行人都不多。尤

雨后的思南路

其到了秋天，梧桐的落叶在空中飞舞，踩上去发出"沙沙"的声响，偶有一辆自行车行过，"叮"的一记铃声，打破小街的静谧。

如今人们说起思南路，总是和宁静优雅的浪漫情调联系起来，但是对于我们这一代卢湾长大的朋友而言，思南路除了安静之外，还另有一分森严。在思南路建国中路口，原来曾经有一座监狱，早在1911年就建成了。和监狱相关的，建国中路上有巡捕房、法院和检察院的旧址，构成一个完整的司法体系。我们小的时候，思南路建国中路口赭红色的高墙上，有阴森的电网，老百姓都叫它"第二看守所"，据说专门看管罪名不重的犯人。要犯，就押去别的监狱了。

"第二看守所"历史上曾经有过很多名字，江苏上海第二特区监狱、上海地方法院看守所、思南路看守所、上海市公安局第二看守所，等等。革命烈士邓中夏被引渡给国民党之前就在这里。还有著名的爱国"七君子"，其中的邹韬奋、沙千里和史良因为住在卢湾一带，被捕后也在思南路监狱坚持斗争。"为什么我的眼里常含泪水？因为我对这土地爱得深沉"的诗人艾青，1932年刚从法国学画归来，因宣传抗日被关进了这座监狱。在这里，他沉吟思考，创作了很多脍炙人口的诗作。

第二看守所让人望而生畏的老建筑现在已经拆除了，新楼依然是政法系统在使用，闲人仍是免进的。除了监狱，思南路还有一处让小孩子不寒而栗的所在，就是原第二医科大学和瑞金医院的太平间以及解剖室，据说就在靠近思南路的某座高墙背后。具体在哪里，说法很多。从建德路以北，西边是瑞金医院，东边是二医大，高高的围墙只有几扇小窗，到了晚上发出幽暗的灯光。碰巧思南路的路灯又常被梧桐树遮蔽，路上阴森森的，本来就很瘆人，偏有那些胆大的,一边走夜路一边还要讲鬼故事:"你们知道二医大的遗体都是哪里来的吗?泡在玻璃瓶里,也许就在这堵墙后面呢,眼乌珠弹出来,嘭!"那是男孩子专门吓唬女孩子的经典把戏。"知道医院做实验用什么吗?用狗,你听,有狗叫!"不知为何,此时耳畔总能听到飘来的似有若无的狗叫声,让人不得不加快了步子。至于那是真事还是幻觉,恐怕只有天晓得了!

当然,除了森严,思南路上还有很多属于人间烟火的快乐。思南路靠近淮海中路口的邮局,那是集邮爱好者的天堂,每有新邮发行,总有很多人排长队。有"中国邮王"之称的周明达曾在思南路居住,他和这所邮局有没有关系呢?邮局还售卖各种书报,武侠小说是最受欢迎的,在杂志上连载的《书剑恩仇录》《萍踪侠影》,总是读了开头等不到结尾。思南路皋兰路口有眼病防治所,八十年代卢湾的"小眼镜"大多曾到这里报过到,护士阿姨是个瘦瘦的北方人,打开厚重的柚木大门,通了电的钻头不断按摩脸上的穴位,到底有没有用?谁知道呢。读到高中,大家都骑上了自行车,那时候骑个自行车可是件大事,买车需要有票,车买回家还要到思南路香山路的车辆管理所登记在册,发一块绿色的铝制牌照挂在车子上,一切的程序和现在购买机动车十分相似。文史馆的隔壁,思南路复兴中路口曾经开起一家高档餐厅,站在门口迎宾的,曾是我的同学小S。若干年以后,当年穿制服戴白手套的小S已经成了事业有成的老S,"我们回思南路看看好吗?"可当他回到那里,当年的高档餐厅已经不见了踪影……

小时候到周公馆参观,每次都有一个固定节目,来到二楼的阳台,讲解员会指着对面房子说:"看到那个窗口吗?敌人买下了对面这幢房子,他们就在那里监视我们。"每当那时我们都会朝对面眺望，仿佛真有人影憧憧呢。斗转星移，那个让人不寒而栗的岗哨，早就不再阴森。如今的思南路，也不再是那条安静的卢湾小街，这里有人头攒动的各式餐厅、有名声在外的周末集市，有高朋满座的思南书局，有修缮一新的名人故居，百年思南路，旧貌已经换新颜。

日落时分的复兴中路花园公寓

每次走到复兴中路淡水路口，总会想起我的老同学"康桑"。康桑姓韩，"康桑"是"韩先生"日语发音的谐音。康桑毕业后去日本留学，在日学习工作多年，终究还是回到故乡上海。我和康桑关系不一般，我们是"嘀嘀呱呱"从初中到高中的老同学。

学生时代，康桑是我仰视的榜样。他德智体全面发展，老师经常让我这个后进学生向他学习，下课以后到康桑家做作业，他的作业既准确又工整。为了完成我那些看似永远无法完成的作业，我有机会走进这个当年卢湾区赫赫有名的高档小区：花园公寓，老同学康桑的家就在这里。

卢湾区的老公寓很多，但花园公寓相当别致。别的不说，开在复兴中路上的大门就很独特。老式房子有过街楼并不稀奇，但花园公寓的过街楼也太宽阔了，宽阔到在中间加了根承重的大柱子，进出的弄堂口做成"双通道"，如此气派堪称鲜见。

花园公寓的"双通道"大门

花园公寓建造于1926年,即使在我读中学的80年代,也是五六十年历史的老建筑了。老人们习惯用老的名字称它"派克公寓",其实派克公寓和花园公寓的意思一样,"派克"就是park。但在我们听起来,"派克"两个字显然更有派头,听上去洋气得多。要说洋气,历史上的花园公寓真是非常洋气,当年它是外侨聚集的地方。花园公寓的老居民涂忠安先生在2013年曾经留下一份口述回忆《花园公寓一位九旬老人的回忆》,中间有一段是这么写的:

> 派克公寓是1926年建造的。这里的房子以前是只借给外国人,不借给中国人的。因为中国人的孩子多,生怕把房子弄坏了。1947年我们搬进来的时候,外国人仍然很多。葡萄牙人、

俄国人比较多。我家楼上就住着在瑞士驻沪领事馆工作的外国人,还有底楼18号,住着法商水电公司职员,是法国人。另外,还记得3号门住着两个足球明星。他们俩在上海滩都是赫赫有名的,其中一个叫沈锦顺,另一个叫法凡笑(音,可能是葡萄牙人,待考)。

涂忠安老先生说到的两位足球明星,外国人"法凡笑"我怀疑应该叫"Fabricio",又或者是"Fabrizio",至于是葡萄牙人还是意大利人还真不晓得。而那位"沈锦顺",我猜老先生把名字搞错了,这应该是当年上海足坛的球王级人物"铁腿"孙锦顺才是。

孙锦顺出生于广东东莞,1926年代表香港南华队在香港甲组联赛出战英国陆军联队时,一脚射门射穿球网,由此得名"铁腿孙锦顺"。1933年他从香港来沪,1935年加盟东华队,曾经代表民国时的国足参加过1936年柏林奥运会。1948年,已经42岁的孙锦顺仍然在足球场上驰骋,甚至入选了当时国家队备战奥运会的集训大名单,但最终没能入选。新中国成立以后孙锦顺执教解放军海军队和上海队,陈家根、李传琪、王后军等足坛名宿都是他的学生。20世纪60年代上海曾经拍了两部足球题材电影,1963年的《球迷》和1965年的《小足球队》,孙锦顺担任足球指导。孙锦顺身高只有一米六八,当运动员时的体重却有80公斤左右,看上去怎么也不像个球星。但据说他的速度极快,加上"铁腿"的外号,可以想见脚头一定很重,估计技术风格是马拉多纳、特维斯那种类型的。

说到足球,涂忠安老人把孙锦顺的名字记错是不大可能的,我猜老人是口述,记录者记错了。涂忠安在震旦大学附中(今向明中学)读书期间是校足球队的主力后卫,水平相当高,曾经在1941年中西中校足球决赛中战胜圣芳济中学（今虹口区北虹中学），夺得冠军，那是上了《申报》的。不过《申报》上对派克公寓的报道并不都是正面的，1948年8月，派克公寓发生了一起俄籍暴徒闹事的事件，《申报》也作了报道。1948年8月22日《申报》登出一条新闻：俄籍暴徒两名捣毁派克公寓。说是派克公寓106室45岁的俄罗斯主妇凯乃自开纳（俄文怎么说实在无从查考），有个意大利情人叫方天谦，某日公寓中忽然来了两个俄籍暴徒，不问情由把房间的五六件家具悉行捣毁。现场的俄罗斯女佣开来斯尼可拉被木棍打破了头，这时住在306室的葡萄牙青年可拉沙跑下来帮忙，这个可拉沙是名拳击手，俄籍暴徒打不过，只能落荒而逃……不过，类似的治安事件在派克公寓只是偶尔发生，涂忠安先生在口述回忆中对自己生活的环境是这么描述的：

> 居住在这里最大的感受就是安静，生活舒适。我们这里的房子一大特点就是结构设计非常合理，对温度和风向都有考虑，冬暖夏凉。居住在这里也很方便，原来买菜到淡水路，现在到马当路菜场。说到复兴公园，我不大去。在家附近，重庆南路上有教堂（即圣伯多禄堂），倒是每个礼拜去一次，这是我的信仰，从读书时期到现在一直如此。原来的教堂很好，外观庄重漂亮，内部装饰也好。

涂忠安老人从震旦大学附中毕业以后到了金城银行会计科工作，新中国成立以后银行改组，他被调到了中国人民银行，1956年调到上海师范学院（即今上海师范大学）中文系工作。而他居住的派克公寓，也发生了翻天覆地的变化。派克公寓成了花园公寓，外

花园公寓门前的复兴中路

侨搬走了,来了很多新住户。70年代,和顶层一道加建出来的,还有一幢新工房。原来的花园大草坪,只剩下了一半。本来花园公寓和重庆公寓、万宜坊等,都是同一家开发商建造的,建筑整体非常和谐。在草坪上凭空造出一幢楼,观感上显然不伦不类。但在那个特殊时期,这都是正常的。如今这幢不伦不类的建筑也成了老建筑,成了花园公寓不可分割的一部分。

当我再次来到花园公寓的时候是一个阳光充沛的下午,康桑并没有陪同,我只是自己在这里走走看看,从万宜坊、重庆公寓转过来,从气派的双通道大门进去。本想从淡水路的边门出去,无奈铁将军把门,不得其门而出。花园公寓老了!近百年的建筑,岁月在它的身上烙下了深深的痕迹。而我，竟然忘记了我的同学康桑家，究竟是在哪个门洞……

真的不记得了，那些数学公式、物理习题……我只想好好看一看这幢充满历史感的建筑。我像当年那个后进学生一样，匆匆而来，又匆匆告退，准备赶回去吃晚饭。走出花园公寓大门的时候，正好太阳下山。夕阳斜斜地照在一百多年历史的复兴中路上，梧桐树、行人、自行车……拉出长长的倒影。我拍下了这个动人的瞬间，黄昏里的复兴中路和花园公寓，仿佛看到了三十年前、九十年前，一样的日落。

献给五爱中学的Grace们

我闭着眼睛都能从家里走到徐家汇路肇周路口的斜桥,我在那里消磨了太多的少年时光。1984年我第一次走进那幢房子:破败、苍凉的红砖建筑,它给我的一生打上了标签:五爱中学的。

刚进初中那会儿,老师就告诉我们:我们学校的历史可以追溯到清朝,但历史并不光荣,学校曾有个耻辱的名字:"惠中中学"——恩惠中国的意思!老师猛然提高了音调——那是殖民时代的产物。我们的初中班主任赵老师,脚不太方便,他指着破旧的教学楼一字一顿地说:"这里以前是教堂。"

少年的我们懂什么教堂不教堂!我们只知道学校的墙好厚,门好重,实木地板踩上去发出咯吱咯吱的声音。我们追赶奔跑,在斑驳的马赛克地板上滑行。冬天的早晨,我们推开铸铁的窗门,永年路小菜场腐烂的蔬菜味道和高冷的空气一起飞进教室,我们把三翻领粗绒线衫拉起来,遮住眼睛,用尽全身力气向着马路高喊。在卖

五爱中学老校门

鸡蛋的苏北人回头骂人之前,迅速地关上窗门,咧开嘴狂笑,八十年代。

还有我们的外操场,在学校对面,现在成了高档楼盘"新家坡"。进外操场的门,需要穿过一条弄堂,沿街还是有店铺和居民的。笔者读书的年代,每天花大量时间玩耍嬉戏,最开心的莫过于打篮球和踢足球,有很多时间消耗在外操场。关于外操场的传说不少,有的说是乱坟岗,有的说是公墓,徐家汇路以南这一片,是老上海殡葬行业的聚集地,在那里踢球,踢到太阳下山的时候总感觉有点阴森森的,不知是心理作用还是其他原因。查了1948年出版的上海行路图,这才恍然大悟。这里确实是墓地,但不是什么乱坟岗,而是对面教堂惠中堂的信徒公墓。这里埋葬过多少信徒、他们的名字是什么?很少有人知道了,大家都以讹传讹地以为那是一片乱坟岗。

我们在信徒公墓改造的黄土煤渣球场上尽情挥霍自己的活力,唯一让我们感到恐惧的是天色,我们祈求太阳不要下山,这样我们可以踢完这场和光阴的比赛。

但比赛还是如期结束了。后来有一次我听到罗大佑的一首歌:"那是后来,我逃出的地方,也是我现在眼泪回去的方向",突然感动到不行。1999年,高中部成为"五爱高级中学",校址搬到制造局路,而徐家汇路的老校舍,成了比乐中学。

五爱中学原校址在肇周路420号,历史记载创办于清光绪十五年(1889年),前身是惠中学塾,后改惠中书院,分男女两校,男校有高小、初中和高中,女校只有高小和初中,由美国安息浸礼会牧师台物史夫妇分任校长。上海历史最悠久的中学是创办于乾隆十三年(1748年)的申江书院(后改名敬业书院,现敬业中学的前身),最早的类似于现在全日制班级授课制的中学堂是1850年创办的徐汇公学(又名圣依纳爵公学),卢湾南市一带的鼻祖则是西门外白云观的裨文女塾。五爱中学的历史和这些学校相比有差距,但在上海的历史可以排进前十五名。

五爱中学有体育传统,尤其男子篮球厉害,几乎每届上海市高中联赛都能获得好成绩,也曾经获得过冠军。

晚清时惠中书院小乐队

献给五爱中学的Grace们

五爱中学（惠中中学）历史上出过不少有名的校友，美籍华裔影星卢燕就是其中之一。卢燕1927年出生于北平，五六岁来到上海。熟悉肇周路的朋友都知道，五爱中学以北过了永年路，肇周路上有两条著名的弄堂：梨园坊和同仁坊，这是上海京剧艺人的聚居地。卢燕家和京剧颇有渊源，和梅兰芳家是世交，所以学过戏。卢燕在惠中中学就读期间参加过学校组织的剧社，在她的回忆录《我的戏梦人生》中，卢燕如此回忆："在惠中中学读书，翁璇庆（帝师翁同龢玄孙侄女）特别喜欢我，她让我课余加入惠中剧社，排演了她自己编写的《三难新郎》和《唐伯虎点秋香》，也排演过曹禺先生的新戏《正在想》，我在演里面的'小秃子'时，有大段的独白很吃工夫，可能是因为我国语纯正才获得了这个难得的角色……"某年卢燕来沪参加上海电影节，工作之余邀请惠中中学（今五爱中学）的语文老师、班主任与课余演剧艺术指导的翁璇庆到华亭宾馆，与吴克良、刘启观等数十位惠中校友欢聚一堂，她对母校的感情由此可见一斑。

　　1947年，卢燕一家移居美国，第二年，14岁的浦东蔡路乡人张友慧进入惠中中学学习。在这里，她参加了由中共地下组织领导的旭光生活社，并协助地下组织做宣传工作。1949年9月张友慧参加人民解放军，第二年即参加志愿军赴朝鲜作战，在前沿阵地抢救伤员，1951年6月5日在朝鲜遭遇敌机扫射，中弹牺牲，年仅17岁。惠中中学是教会学校，但参加革命并献身的学生不乏其人，张友慧是其中典型的一位。

　　五爱中学还有一位老校友——"胡司令"胡荣华。胡荣华1945年出生于吉安路的志成坊，1959年14岁时就到衡山路吴兴路的上海棋社报到，开始了专业棋手的生涯。1960年，15岁的胡荣华荣获全国冠军，开启了一段传奇历史。他在五爱中学求学的时光相当短暂，但在离开五爱中学的那个学期，他的学习成绩是满分的。在一本胡荣华的传记里，有这样一段描述：离家的那天胡荣华的父亲对他说"到棋社后，要尊重领导，尊敬老棋手，虚心学习……手脚要勤快些，扫地擦桌、打开水这些杂务，自己要主动去做，懂吗？"，我猜这是老派上海人踏上社会时的"标配"了，不知有多少五爱中学的毕业生是带着类似的嘱托走向未知的人生的。时光变迁，肇周路的老校已经变成了比乐中学的校园，五爱中学的校友们，也像一首歌里唱的那样："我们就这样，各自奔天涯……"

蛮有意思的是，我中学女同学当中有好几位英文名字叫Grace。"Grace"这个词在英语中有优雅、慈悲、魅力的意思，寄托了女孩子对人生的美好愿望。在我眼里，上海的女孩子大多就是那么地grace嘛。巧合的是，"惠中中学"原来的名字就叫Grace School。这个名字后来很少有人提了，那么Grace同学们知道吗？或许，她们无意中给自己起的"Grace"这个英文名字，是留给自己的青春纪念吧。

闲话比乐中学

想到说说比乐中学的历史,缘于一次中学同学群里热议的话题。

徐家汇路肇周路口的五爱中学(后改名李惠利中学)旧址已经成为比乐中学的新址了。此消息一出,在五爱中学老校友中不啻于一石激起千层浪。徐家汇路肇周路口的这块区域,从1889年美国安息浸礼会在这里办学以来,已经经历了将近一百三十年的漫长岁月。从惠中中学到五爱中学,再到李惠利中学和五爱高级中学的脱离,不管学校名称怎么改,百年老校始终一脉相承,是维系一百多届校友的心灵纽带。自己的母校忽然成了"比乐中学",五爱中学的校友心理上是很难接受的。论学校历史,比乐中学创办于1946年,校史比五爱中学短了五六十年。五爱中学旧址成了比乐中学,这是为什么呢?

带着这样的疑问我到肇周路徐家汇路口走了走。校友中流传的并非谣言,"李惠利中学"的牌子已经撤去,换上了"比乐中学"的新招牌。我绕着熟悉的道路转来转去,虽然大楼早就是新盖的,操场也换成了新式的塑胶跑道,但一草一木一砖一石仍是那样熟悉,学校的整体结构还和几十年前一样。唯一改变的,是血脉。这里已经和五爱中学没有关系,这里换了主人,是比乐中学了。当年和比乐中学篮球队打的那些让人紧张到喘不过气来的比赛,似乎失去了意义。

不过话说回来,五爱中学的校友们毕竟在制造局路还有一个家,而比乐中学从1946年8月创办至今,搬过的家就太

淮海中路中环广场(比乐中学旧址)

多了。比乐中学的"比乐"二字,缘于复旦大学创办人马相伯先生1930年为中华职业教育社礼堂所题写的名字:比乐堂。"比乐"二字源自《易经》中的一卦,比卦。比卦象征亲密无间、相亲相辅、团结互助,预示着吉祥。换句话说,有比卦就有快乐,所以叫"比乐"。

比乐中学的创始人是黄炎培、江问渔和孙起孟,校名就是由孙起孟题写的。最初办这所学校,是有实验性质的,校址就设在雁荡路南昌路口的中华职业教育社三楼。新中国成立后曾搬到淮海中路

553号淮海电影院对面青年中学的校舍，1951年私立明德中学并入，1958年私立崇实中学并入，学校搬到淮海中路375号原法租界公董局机关所在。我们读书的时代，比乐中学的校址就在那里。1993年淮海中路东段改造，比乐中学又搬到建国西路154号原五十五中学的校址，有意思的是这个地址五爱中学也曾暂借过。两年以后的1995年，新华中学并入比乐中学，学校迁到崇德路43号原来卢湾区三中心小学的地方（再之前是法租界公董局所办的喇格纳小学），再到2018年搬到原李惠利中学的所在。

看了上文的描述，如果不是卢湾区长大的朋友，很有可能不知道我在说什么。如果说五爱中学一百三十年的历史相对还是比较稳定，那比乐中学七十多年的历史就太颠沛流离了。在淮海中路马当路校址的35年和在崇德路的23年算是相对固定的，大多数人对比乐中学的印象也是在这两个地方。

比乐中学创办的初衷是要在初中阶段就对学生进行职业指导，使他们受过职业指导以后可以按着指导升入分科的高中，达到"升学准备和职业训练同时兼顾的目的"。1946年9月14日开学第一天，黄炎培参加开学典礼并讲话，还为学校写了校歌的歌词，曲子由音乐家孙慎所作。比乐中学的校歌是这么写的：

> 比乐，比乐，我们有理想在憧憬着，我们有理想在憧憬着。太阳般热是我们的心，钢铁般健是我们的身，水乳般可融不可分是我们的感情。我们有理想在憧憬着，我们有理想在憧憬着。比乐，比乐，比乐。

当时的比乐中学是一所一百多人的初级中学，但在民主革命时代,它是一个小小的战斗堡垒。除了职教社的切实支持外,比乐中学受到党的地下组织的关怀和帮助,1946年建校不久就成立了学生自治会。1949年上海解放时,比乐中学有三四十名学生(全校仅150名学生)随军南下,为革命输送力量。和卢湾区其他学校相比,在这方面比乐中学是非常突出的。

比乐中学的老校长杨善继先生是一位可敬的老教育工作者。他和孙起孟是安徽休宁同乡,共事多年。比乐中学创办的时候他是教导主任,1949年上海解放时担任"上海人民迎接解放保安大队"的大队长。1950年3月起担任校长,一直做到1981年调任区教育局副局长,1982年调到北京任中华职业教育总社主任才离开卢湾。杨善继和育才中学的段力佩是上海两位五十年代就被评为"一级校长"的教育家。我曾读过杨善继的夫人严嫒英女士的回忆文章,这位老校长一辈子投身教育事业,家里房子不大,看书、写字都在缝纫机上进行。五个子女,有四个分别到江西和黑龙江插队,一点不搞特殊化,回城就业也是全靠自己。杨善继1984年去世时已经是全国政协常委,休假时想带夫人去昆明看看曾经工作过的西南联大旧址,在机场办票柜台忽然昏倒不幸猝死。

无论如何,比乐中学和五爱中学在徐家汇路肇周路合为一体了。在寸土寸金的卢湾地界,办学本身就是困难的事情,即使是比乐中学这样具有光荣革命传统的学校,要找到一块生存发展的地方都是困难的。希望比乐中学珍惜老五爱留下的一草一木,希望五爱中学和比乐中学都能欣欣向荣,不要再改校名,不要再换校址,一直办下去。

比乐中学老校长杨善继先生在回忆民国时代时曾经这样写道:"半封建半殖民地的旧上海不少学校几乎成了贩卖知识的学店,学校与家庭、教师与学生的关系,也成了只是商品的买卖关系。我们办比乐就是要创立一种新的学校与家庭的关系……"

　　我想,应该记住比乐中学老校长办学初衷和梦想的,绝不应该仅有比乐中学一所学校而已。

复兴公园马恩雕像与草坪的往事

　　对很多上海人而言,复兴公园是个特殊的存在,它承载了许多童年和青春的记忆。草坪、花园、假山、电马,还有钱柜、Park97,等等。当然还有一处所在,也是重要的,这里是一代人人生必须经历的阶段。很多中小学选择在这里举行入队和入团的仪式因为这里有复兴公园的马克思恩格斯纪念像。围绕这座纪念像及这座纪念像所处的位置,实在有很多故事好讲。

　　南昌路东起重庆南路西至襄阳南路,全长不到两公里,却在中国近代史上有其特殊地位。南昌路的名字来源于江西省会南昌,是1943年收回租界以后命名的,在法租界的时代,南昌路分两段,雁荡路以东叫陶而斐司路(Route Dollfus),法租界公董局1902年越界修筑,最初叫军官路(Rue des Officies),1920年用法国军官陶而斐司名字命名,这段路很短,我估计不超过两百米。雁荡路以西的南昌路,原名环龙路(Route Vallon)。要说马克思恩格斯雕像,先要从这个"环龙"(Vallon)说起。

第一位在中国上空飞行的人是谁？专家有专家的说法。比如明朝试图利用火箭飞天的万户。但那些飞行并不成功，万户就是为此献身的。第一位在中国上空成功飞行的人，是法国人环龙。如果现在翻译，他的名字应该叫勒内·瓦隆。1911年1月10日，环龙从法国乘坐邮轮来到上海，带了"山麻式"单翼飞机和双翼飞机各一架。

稍微休整一个月后，2月25日，"中国上空的第一次飞行"在江湾跑马厅举行。两千多名上海各界人士到场观看，一时成为海上盛事。当时不要说是在上海，哪怕是在全球，飞机都是稀罕物，兼之环龙来自法国，上海的法国侨民十分踊跃，他在上海的第一次飞行表演极其成功。2月26日，也就是第一次飞行的次日，环龙第二次飞行表演卖出5万张参观券，一时盛况空前。

可惜乐极生悲，5月6日环龙进行第三次飞行表演时，悲剧发生了。那次表演更为轰动，环龙决定把降落地点调整到市中心泥城桥上海跑马厅（即现在的人民广场和人民公园）。由于操作失误，环龙的双翼飞机在空中熄火，如果是在更为空旷的江湾跑马厅，他也许有机会弃机逃生，但上海跑马厅是市中心，如果飞机一头撞进市区，死伤将极为惨重。环龙竭尽全力把飞机迫降在跑马厅草地上，但飞机解体，环龙不幸身亡，年仅31岁。

当时中文报纸对环龙失事进行了详尽的报道。有意思的是不知是谁翻译的，当时"环龙"被译成"环落"，"落"，对于飞行的人而言实在是不祥之兆，有点《三国演义》里"凤雏"庞统遇到"落凤坡"的感觉。但环龙看不懂中文，也没有办法想了。按新闻的说法，飞机上的木条碎为齑粉，环龙身体隐而不见，只看到头压在机轮之下。环龙夫人放声大哭，观众用门板将环龙送到医院救治，候脉25分钟未见丝毫跳动,遂告不治。

环龙是第一位在中国上空飞行的人,而且他以自己的牺牲换来了观众的安全,因此法国公董局在法国公园(今复兴公园)建立了环龙纪念碑,碑文上除法文,还有一段中文:"纪念环龙君 君生于1880年3月11日,籍隶法京巴黎,于1911年5月6日殁于上海","君实为中国第一飞行家,君之奋勇及死义,实赠法国之光荣。"1920年,法国公董局将新修筑的一条马路命名为环龙路,也就是现在的南昌路西段。对环龙之死,法国公董局的官方定位是"奋勇死义"。

本来环龙的事迹到此告一段落,但他的身后事,却又有些曲折。刚才说到环龙夫人目睹丈夫失事身亡悲痛欲绝,坚持要把环龙遗体送回法国安葬。当时正是五月,上海的天气潮湿闷热,医生不得不在环龙遗体内灌注药水以防腐坏。无奈环龙到上海表演飞行,盘缠已经用尽,要把遗体运回法国需要相当一笔费用,筹措多日仍是不够,环龙最终魂归上海,未能埋骨家乡。有种说法,复兴公园花园的喷

复兴公园马克思恩格斯雕像

水池，原来是环龙的墓地所在。环龙夫人的下落也成了一个谜，很多老人回忆，之后很多年，每到环龙生日和忌辰，总有一个法国女子到复兴公园环龙纪念碑献花。至于那是不是环龙夫人，如果是，她住在上海的哪条马路哪条弄堂，没人过问也没人知道。

环龙去世三十年后的1941年，太平洋战争爆发，环龙纪念碑被拆除，具体时间不可考。两年后租界收回，环龙路改名南昌路，环龙在上海的痕迹彻底消失了。如果那位每年到环龙纪念碑献花的女士果真是环龙太太，算年龄当时不超过60岁，应该还健在的。目睹这样的场景，不知她会作何感想……

时光流转又是数十年，到1983年，马克思恩格斯纪念像正式在环龙纪念碑旧址的基座上奠基。有意思的是，奠基当天5月5日，是马克思的诞辰纪念日，而环龙飞机失事是5月6日，只差一天而已。两年后的1985年8月5日，也就是在恩格斯的逝世纪念日，纪念像正式建成揭幕。雕像由花岗石雕成，高6.4米，宽约3米，重达70吨。周围有雪松环绕，又有绿草如茵的大草坪，相互辉映，庄严肃穆。马恩纪念像承载了上海市民很多记忆。

创作马恩纪念像的，是上海著名雕塑家章永浩，外滩的陈毅像也是章先生的作品。

南京路背后的香风与热血

小时候看电影《霓虹灯下的哨兵》,没出息的老山东排长"喜子"到了上海,嫌弃陶玉玲扮演的乡下妻子春妮,说了句经典台词:"南京路上的风都是香的。"当年的南京路,充满的是脂香、粉香、花香、酒香……甚至于喜子买双洋袜,还要放到鼻子底下闻闻呢。但就在大马路的背后,汉口路、天津路,曾经流淌过青年人的热血,同样是南京路传奇的组成部分。

围绕南京东路周边,有很多旅馆食肆,吸引着南来北往的宾客。很多老黄浦记得,九十年代在汉口路浙江中路口,有个名为"东方城"的所在,那是幢西洋风格的老楼,一楼转弯处开出家餐馆,酒菜面饭样样有,相当于排档性质,经济实惠且通宵营业。不远处新永安大楼就是东方电视台,深夜加班的年轻人总喜欢到这里坐一坐,吃点东西,时间充裕的话还会喝一杯。

斗转星移二十多年,当年"东方城"已经成为居民楼,但餐饮特色依然保留，裙房开了一圈饭馆，其中不乏年轻人趋之若鹜的"网红"。八十年前，汉口路浙江中路的这个路口、这幢建筑，是著名的东方旅社，在这里曾经发生过载入史册的一件大事。

当年东方旅社的门牌号是三马路222号，是公共租界里一家中等规模的西式旅社，1923年建成，共有110间房间。1931年1月17日，国民党市党部和公共租界工部局出动警车，包围东方旅社，直扑31号房间，逮捕了李云卿、林育南、苏铁、柔石、冯铿、殷夫、胡也频、刘后春（即彭砚耕）等八位革命同志，史称"东方旅社事件"。撤除包围后，还留下特务蹲点。

从东方旅社出来，敌人又直奔天津路中山旅社，在6号房间逮捕了阿刚、蔡伯真、欧阳立安、伍仲文四位同志。下午三四点钟，孙玉法（孙玉华）和王青士回到东方旅社18号房间，也被特务堵住

汉口路东方旅社旧影

东方旅社旧址今貌

而被捕。龙大道、何孟雄虽然当时未参与开会，但他们来到天津路中山旅社，也被蹲点的特务盯上，未能逃脱敌手。李求实（笔名李伟森）则于次日上午在东方旅社被捕，接下来的四天内，还有其他同志分别在华德路（今长阳路）、昆明路、武昌路等地遭到敌人的搜捕，共有36人，其中23名共产党员于2月7日在龙华监狱被集体秘密枪杀，其中包括五位"左联"作家柔石、冯铿、殷夫、胡也频和李伟森（李求实）。鲁迅的《为了忘却的记念》就是纪念这几位牺牲的年轻人："不是年青的为年老的写纪念，而在这三十年中，却使我目睹许多青年的血，层层淤积起来，将我埋得不能呼吸，我只能用这样的笔墨，写几句文章，算是从泥土中挖一个小孔，自己延口残喘，这是怎样的世界呢……"鲁迅文章里的句子，很多人都能背诵。

汉口路浙江中路东方旅社对面，曾有一家著名的福建餐馆"小有天"，原名"小有"，曾是孙中山先生宴客的指定餐馆。辛亥革命后，清朝遗老遗少每周在"小有天"聚会，每人出资一元，戏称"一元会"。小有天有一副对联，是民国大书法家、后来当了大汉奸的福建老乡郑孝胥所提："道道非常道，天天小有天。"《罗生门》的作者日本作家芥川龙之介二十年代到上海游历，也曾到"小有天"喝酒；"左联五烈士"之一的胡也频是福建人，他与汉口路浙江中路一带颇有渊源，和东方旅社对面的"小有天"也有渊源。小有天的合伙人之一陈森坤是他的表叔，1928年胡也频的父亲来到上海，随身带了一千元钱，想投资入股"小有天"，结果这笔钱被胡也频借去，办了《红黑》月刊。

如今，东方旅社旧址已经找不到踪迹，中山旅社旧址作为当年中共江苏省委秘密联络点得到保护。整幢建筑建于二十世纪二十年代末,原来是三层钢混框架结构,坐北朝南,三层顶部有简单檐口,其他装饰相当简洁。九十年代经过改建,增加了两层,现为五层楼房。底楼开了水果店、超市。

《为了忘却的记念》这篇文章里,鲁迅对殷夫(又名白莽)着墨最多。牺牲那一年殷夫只有21岁。1910年出生的殷夫原名徐祖华,浙江象山人。1924年,年仅14岁的他就开始写诗,1925年进入民立中学学习。1927年他在上海第一次被捕,被关了三个月。在监狱里他写了长诗《在死神未到之前》,有五百多行。1928年,在同济大学德文补习科读书的殷夫再次被捕,出狱后回乡。殷夫前两次入狱,比他年长15岁的大哥徐培根救了他。这次被捕,徐培根被蒋介石派往德国学习军事,鞭长莫及。当时徐培根曾想把殷夫带去德国,殷夫因为已经被同济大学录取而没有去。兄弟二人挥泪而别,竟成永诀。

1929年,殷夫曾写过一首著名的诗《别了哥哥》,其中有一段这样写道:

别了,哥哥,别了,
此后各走前途,
再见的机会是在,
当我们和你隶属着的阶级交了战火。

徐培根活到了96岁,在抗日战争中,他立下赫赫战功。而他的六弟殷夫只活了21岁,年轻的生命在龙华凋谢。时间回到1931年1月17日,当21岁的殷夫在东方旅社里被捕时,他就是从当年我们吃夜宵的"东方城"大堂里走出来,直到九十年代,大理石的门头、马赛克的地面，还在。只是嘈杂了，油腻了，空气中弥漫着鳝丝面和蛋炒饭的味道。又是三十年过去了，大理石的门头、马赛克的地面，都不见了。人，来来往往。脚步，依然匆忙。每个人有自己的梦想，每个人在为生活奔忙，闲下来的时候，人们会在这个路口吃一碗网红的面条或是麻辣烫。还有没有人知道当年有一些年轻人，那样单纯、那样勇敢、那样义无反顾地为同胞的幸福付出了自己的生命。

殷夫写了很多诗，几乎每一首都饱含着生命的热忱，其中最有名的，是他翻译匈牙利诗人裴多菲的一首：

生命诚可贵，
爱情价更高。
若为自由故，
两者皆可抛。

南市寻常巷陌里的老教堂

说来惭愧,作为一个上海人,上海的地标豫园,我从小到大只进去过一次,还是工作了以后陪外地来沪旅游的朋友进去的。但豫园周围我就很熟了。一般人逛老城隍庙,从方浜中路走到光启路,就算到头了。其实沿方浜中路继续东行到人民路,别有洞天。又或者沿着宝带弄、丹凤路、马园街北行,有曲里拐弯的硝皮弄,还有一条特别有历史的梧桐路。

上海老城厢原来有很多园林,露香园早就在战火中湮没了,只剩下一条露香园路供人追思。日涉园也毁得差不多,总算留下座书隐楼茕茕孑立。也是园倒是新建了,但闲人免进。只有这座豫园,成了上海的城市地标,借着城隍庙这块风水宝地,一天比一天繁华。

原先豫园的范围起码比现在大一倍,梧桐路这一带最早也是豫园的一部分。熟悉上海历史的朋友知道,豫园的主人姓潘,是明朝四川布政使潘允端家族的产业。到明朝末年,家道中落的潘家和上

敬一堂旧址（2017年拍摄）

海的另一位名人徐光启家联姻，徐光启的第四位孙女（只留下教名玛尔弟纳）嫁到潘家，豫园这才和天主教有了关系。

由马园街北行到梧桐路左转，没几步路就到了豫园街道社区文化活动中心的分部。如果你不知道这里的历史，会觉得这个门洞实在太简陋了，就是简单的水泥柱子铸铁门，但上海最古老的教堂——敬一堂，就在这道大门的后面。

早在明万历三十六年（1608年），意大利传教士郭居静（Lazzaro Cattaneo）就在南市乔家路九间楼，靠近徐光启故居的地方创办了圣母玛利亚祈祷所，这是上海最早的私宅小堂，今已难寻踪迹。崇祯十年（1637年），另一位来自西西里的意大利传教士潘国光（Francesco Brancati）来到上海。徐光启的孙女玛尔弟纳本就是潘家人，她设法

敬一堂（局部，2017年拍摄）

购得潘家旧宅中一处院落"世春堂"，于崇祯十三年（1640年）改建为天主教堂，以"崇敬一主"之意取名为"敬一堂"。

敬一堂初建成时极为气派，据文献记载，堂内正中梁上悬挂了一块御匾，上书四个大字"钦褒天学"。潘国光在庭院内建了一座观星台，由太湖石垒筑，台上设有月晷，用来计算时辰日历。

不过敬一堂建成以后仅仅过了四年，就到了明清鼎革的甲申年。扬州、南京失守以后，陈子龙和夏允彝在松江起义。当时潘国光在上海已经发展了三千多名教徒，根据上海著名学者李天纲先生的考证，潘国光积极地响应抗清义举，在响应陈子龙起义的江南人士名单中，有徐光启的学生安徽休宁人金声，也有耶稣会士"西儒"上海潘国光。起义当然没有成功，留下了"嘉定三屠"的壮烈事迹。潘国光幸免于难，但很快他就受到"汤若望案"的影响，于1665年被迫离开上海，先被送到北京，后南下广州，1671年潘国光死于广州。对清朝来说，潘国光属于不稳定因素，所以敬一堂的命运也就可想而知了。雍正年间清政府全面禁教，敬一堂成了关帝庙，观星台改为申江书院。直到鸦片战争之后的1861年，敬一堂才发还给教会，关帝庙和书院先后搬出。敬一堂的历史比董家渡天主堂要早两百年，所以上海人也称之为"老天主堂"。

"老天主堂"热心慈善公益事业,曾经兴办老人堂、乞丐医院、学校等。1937年淞沪会战后,敬一堂划入难民区,这里又成为救济粮发放中心,并开办难童小学(天主教上智小学)。50年代教堂关闭,改为梧桐路小学。1959年敬一堂曾经被列为上海市文物保护单位,后学校经过多次撤并,成为豫园街道的社区文化活动中心。当天我到敬一堂寻访时,正巧有几位老人在活动室打乒乓球,两庑则有小学生在上课,这里早已不是宗教场所。

潘国光在明清鼎革之际,坚决地站在抗清义士一边,终于在上海待不住了,1671年,64岁的潘国光在广州病逝。潘国光在上海掌管敬一堂28年,上海人对他非常有感情,"德业事功,道路口颂",用现在的话说,在教内教外群众中的口碑极佳。潘国光在广州一直挂念上海,临终时仍然念念不忘老天主堂。潘国光去世后,教会中人把他的灵柩从广州运回上海,葬于南门外的圣墓堂。经我查阅资料,潘国光的墓地圣墓堂,就在现在南市陆家浜路以南,迎勋路和徽宁路路口,徽宁路第三小学的位置。

这块墓地也是徐光启的孙女玛尔弟纳购买的,作为教士的墓地,也是上海的第一座外国坟山。潘国光是第一位葬入这座墓地的,以后教堂的主持人都葬在这里,直到民国初年才葬满。和潘国光一同葬在圣墓堂的不乏名人,其中有一位中国人——清初书画家、天主教传教士吴历。

江苏常熟人吴历的画相当了得,是和王时敏、王原祁、恽寿平等齐名的"清初六家"之一,属于当时画坛的正统,领军人物。"甲申鼎革"那年吴历只有12岁,但他没有参加清朝的科举,终其一生都是布衣。他早期接触过佛教,后来加入天主教。吴历在敬一堂居住多年,留下一部诗集《三余集》,现存徐家汇藏书楼。吴历写了很多关于梧桐街敬一堂的诗作,如"我今桐荫北窗下,茶香感诵蓼莪篇",写的是老天主堂周围的梧桐树;"爱此日晷凿地成,楼前验测便且明;石庭俯视球影午,厨下饭香钟自鸣",写的是敬一堂的日晷。

康熙五十七年(1718年),吴历以87岁的高龄去世后,也葬在圣墓堂。雍正年间禁传天主教,教堂和墓地都没籍入官,潘国光和吴历的墓都湮没在荒草中。如今的老南市,有一条安静的小马路——天柱山路,它原来的名字是天主堂街。细心的朋友已经看出来了,天柱山谐音天主堂。

严格来说天柱山路的"天主堂街"后面应该有个括注:城南。因为在城内,还有一条天主堂街,就是现在梧桐路的西段,老天主堂那里。

上海老城厢曹氏家族旧事

南市的曹市弄位于梦花街和文庙路之间,不过一百多米长,但说起它的历史,却相当悠久。此弄原名"曹祠弄",因为在这里曾有曹氏家族祠堂。后来祠堂消失,更名曹市弄至今。上海老城厢的曹氏家族,历史相当悠久。尤其从清朝中期开始人才辈出,出了六位进士,非但在上海地区产生影响,在有清一代的史书中也有其地位。复旦大学图书馆和上海图书馆分别收藏了民国时代修撰的两个版本的《上海曹氏家谱》,从中可以看到曹氏家族在上海的形成与发展,他们在上海留下的踪迹,绝非一两条弄堂而已。

网上有文章写曹氏家族的远祖是曹植,甚至追溯到三皇五帝时代的也有。可靠的记载追溯到宋室南渡:"宋武惠王南渡之裔也",属于南宋初年的北方移民。曹家一开始住在嘉定,明成化年间,曹阙移住上海县,以医为业。曹阙的孙子曹国裕在太医院担任过"吏目",虽然只是芝麻绿豆官,但却是曹氏家族第一位获得一官半职的人。到明清鼎革之际，曹氏在上海的第五代出了一位人物：曹垂璨。他是曹氏第一位通过科举取得"功名"并通过所谓"正途"获得官位的人，其后曹氏家族的兴旺，皆源于曹垂璨。

曹垂璨生于明万历四十二年（1614年），明朝灭亡时30岁，但他似乎对改朝换代并不太在意，清军南进江南的当年（1645年）就通过乡试获得功名，两年后考中进士（顺治四年丁亥科），然后到藁城县（今河北省石家庄市藁城区）和遂安县（今浙江省千岛湖景区）任知县。曹垂璨及族人的祖居在大南门今中华路和黄家路之间，原名"咸宜堂"，民间称为驸马厅、楠木厅。从清代到民国，再到新世纪，一直有曹氏族人居住于此，现已建造居民楼，不知是否还有曹姓后人居住。

曹垂璨在上海留下不少遗迹，人们比较熟悉的沉香阁的修建和他有关，也是园曾经由他居住，半泾园则是曹垂璨之子曹一士的产业。尚文路附近有一条"一粟街"，原来此处有一粟庵，是曹垂璨以"金鸡解衔一粒粟"之义题额而得名的。清咸丰末年一粟庵在战乱中被烧毁，地皮荒到光绪年间，在此建立了"上海县劝业所"。民国以后此处为尚文国民小学，新中国成立后成为南市区中心小学和南市区一中，也曾作为敬业中学的一部分。学前街和一粟街周围，曾有蓬莱电影院、南市区体育俱乐部、南市区少年图书馆等，一度是南市的热闹所在。随着城市功能的更新，原来的蓬莱电影院成为居民小区"沧海苑"，倒和"一粟街"的名字相得益彰。而一粟庵的旧址、一粟街南部的南市区一中，成为黄浦区黄浦青少年业余体校的校舍。

现文庙路145号原来是文庙路小学，清代是蔽竹山房，曹垂璨将其改为庵，因有僧犀照从江右而来，手持一铎，故而命名为"铎庵"。当年的铎庵"编篱插槿,栽竹种蔬",历年屡有修缮。清康熙十九年(1680年)上海知县任辰旦于庵内修建大悲阁,庵旁的空地则聚石凿池、构亭植树,每到春天,正所谓"溪桥花隐、斋阁柳深",饶有山林之趣。铎庵历代住持都精通文学,可说是上海县内一处文人雅士聚集之所。可惜清末小刀会起义期间园林殿宇被毁,虽经重修,终于难以恢复旧貌。民国后铎庵改建为江苏省立上海实验小学分校,抗战胜利后改建为私立培源小学、德润中小学,1956年改名文庙路小学,今为黄浦区阳光学校。

清室入关后,在江南征收的钱粮远高于明朝,官员如果征收不足,要被参罚。为压制江南缙绅隐混拖欠钱粮,清政府借口抗粮,制造了"奏销案",凡是欠粮的,不问欠数多少,也不管功名高低,一律革去功名出身,有官职的一概降两级调用。一桩大案办下来,总计黜降一万三千多人。有探花叶方蔼欠了一文钱,也被黜,故民间有"探花不值一文钱"之说。在褫革官员名单中,曹垂璨的弟弟曹垂云名列其中。

曹氏家族通过和南汇叶氏、上海陆氏的联姻,成为上海的名门望族。除了祖传的医术,也是文学世家,家族中还有曹一士的太太陆凤池、两个女儿曹锡珪和曹锡淑都是清代著名的女性诗人,留下不少诗文。

乾隆年间来自曹氏家族的曹锡宝担任陕西道监察御史,他曾参奏和珅家人刘全"家赀丰厚、服用奢侈、器具完美",怀疑其有借端招摇撞骗之事。他的同乡吴省钦密报和珅,待到乾隆派员来查时,已经没了证据。曹锡宝因此被革职留任,直到嘉庆四年(1799年)和珅被治罪,曹锡宝才获得平反,但此时他已经郁郁以终,只追授了副都御使衔。曹锡宝和和珅的故事在张国立、王刚等主演的电视

曹市弄老路牌

剧《铁齿铜牙纪晓岚》中有所反映,因而有人认为曹市弄之得名是因为曹锡宝,殊不知曹氏家族在上海根深蒂固,曹锡宝只是其中一员而已。曹锡宝传为曹一士之子,也有说是"从子"(子侄辈)。和曹锡宝同一辈分的还有一位曹锡黼,留下《桃花吟》和《四色石》两部杂剧,由他编撰的《石仓世纂》是曹氏家族的诗文集,是研究清代文学的重要文献。

　　曹氏的祠堂在今曹市弄一带,后来祠堂消失,弄名改变,总算还有一个"曹"字保留。在曹市弄以北,梦花街和中华路之间,还有一条一百多米的小路曹家街,有曹家弄通往仪凤弄。当年曹家街和中华路口,曾有一座"曹家桥",据记载曹家街之得名是因为曹家桥,至于此桥是否和曹氏家族有关,暂时没有查到相关资料。以曹家繁衍之广,想必多少有点关系吧。

"永不消逝的电波"在黄浦

穿越七十载时空,自2018年首轮试演到2019年正式演出,上海歌舞团创作演出的原创舞剧《永不消逝的电波》在全国引起轰动,其有血有肉的人物形象、真挚细腻的情感刻画和清新唯美的舞台造型,造就了一部"现象级"的舞剧佳作。通过这部红色经典题材作品,李白、秦鸿钧、张困斋等人的事迹再次成为人们热议的话题,信仰和忠诚、危险和抗争,勾画了地下工作者们的英雄主义群像。早在1958年,八一电影制片厂就曾拍摄过一部由王苹执导、孙道临领衔主演的电影《永不消逝的电波》,电影以李白烈士的事迹为原型,讲述了在敌占区潜伏的同志为革命事业奉献生命的故事。"同志们,永别了,我想你们!"成为一个时代的最强音。

上海人大多知道李白烈士故居在虹口区黄渡路107弄,原名亚细亚里。但李白烈士曾长期在现在黄浦区的区域内战斗和工作,知道的人就不多了。李白的战友秦鸿钧曾在今瑞金二路建立两座电台,坚持和敌人战斗。黄浦上空"永不消逝的电波"的故事，要从原法租界巨籁达路（今巨鹿路）一幢石库门小楼说起。

1930年9月的一天，巨籁达路四成里12号挂出了一块"上海福利电气公司工厂"的招牌，这就是我党创办的第一个无线电训练班所在地。当时的上海滩有很多类似的弄堂工厂，这家以"福利"命名的工厂修理收音机、无线电、电池、灯泡等，工作台、老虎钳一应俱全。学员过着集体生活，学习无线电技术，轮流买菜、烧饭。因为敌人的破坏，这个训练班只存在了三个月，但训练班培养了不少专业干部，为革命工作架设空中桥梁，是党的通讯史上的创举。

1937年李白同志受党中央派遣，从延安到上海建立"上海—延安"的通讯电台任务。在上海，李白四次转移电台、三度被捕，而他在上海的第一个秘密电台，设在法租界贝勒路（今黄浦区黄陂南路）148号三楼一幢沿街楼房内。这个电台地处霞飞路（今淮海中路）闹市地段，和法租界嵩山巡捕房非常近，房东单志伊曾是国民党官员，当过孙中山先生的秘书和日语翻译，是李克农同志的同乡，同情革命。李白住在三楼，电台就架设在这个不足10平方米的房间里。1939年初贝勒路电台引起巡捕的怀

四成里12号中共中央无线电训练班旧址

疑，李白电台撤出贝勒路148号。贝勒路148号旧址已经被拆除，如今是K11裙房沿街商铺。

1939年4月李白和共产党员、青年女工龚兰芬（后改名裘慧英）假扮夫妻，在蒲石路（今长乐路）蒲石村第二次设立秘密电台。1942年第一次遭到逮捕，李白坚称自己是"私人商业电台"，敌人在1943年5月10日将其释放。之后李白在浙江坚持战斗，1945年第二次被捕，由于没有暴露真实身份，很快获释。李白在抗战胜利后回到上海，在黄渡路设立电台，1948年12月30日第三次被捕，于上海解放前夕遇害。

贝勒路148号三楼在李白撤离后九年，再次成为我党的秘密电台所在地。受党中央社会部派遣的邓国军（化名杜松一）依然由单家作为掩护，每天零点至五点在三楼与中央电台联系。1947年春，国共谈判破裂后，邓国军夫妇接到通知后随中共代表团驻沪办事处撤离。

老卢湾的瑞金二路梧桐掩映、人来车往，在瑞金医院对面的瑞金二路148号，有一幢三层小洋房，现在是黄浦区第二牙病防治所，很多市民还是习惯称呼它原来的名字："卢湾牙防所。"随着人们对口腔健康的关注，每天来这里治疗的市民络绎不绝，但人们没有想到这幢小楼的三楼，便是革命烈士秦鸿钧设立的"第三国际电台"所在地。

瑞金二路在法租界时代的名字是"金神父路"，秦鸿钧电台对面的瑞金医院原来是著名的教会医院。秦鸿钧1911年出生于山东沂南，1937年受第三国际（共产国际）派遣到上海设立秘密电台，经党内同志介绍，和小学教师韩慧如结为夫妻。秦鸿钧的战友史长龄曾在老大昌糖果厂工作，懂得制糖技术，于是他们在贝勒路吴兴

瑞金二路148号秦鸿钧金神父路电台旧址（今为黄浦区第二牙病防治所）

秦鸿钧金神父路电台旧址内部

里（今黄陂南路太仓路西北角）开设了一家糖果工厂，后搬到辣斐德路（今复兴中路）173号街面房子，大致位置在今济南路和顺昌路之间。秦鸿钧白天在辣斐德路当"老板"兼推销员，晚上在金神父路小楼的三楼与党中央联系，韩慧如坐在窗边担任警戒。1939年末，秦鸿钧接到通知撤销秘密电台，赴哈尔滨接受新的任务。

1940年8月秦鸿钧再次来到上海，他回到熟悉的金神父路，在南新新里315号阁楼设立电台，他在这里坚持工作到1949年3月17日和夫人韩慧如一同被捕。在敌人的监狱内，秦鸿钧遭受严刑拷打，但没有屈服。敌人曾用计让他回到家中，继续用电台与我方联络，以获取相关情报。秦鸿钧巧妙地与敌人周旋，乘机向我军电台报警。后来找到一次机会，秦鸿钧告诉妻子家里柱子里藏着一张线路图，要交给党。1949年5月7日李白、秦鸿钧等12位同志同时遇害。他的夫人韩慧如在上海解放前夕越狱成功，解放后担任徐汇区第一中心小学校长，兼任五所小学联合党支部书记，2009年以96岁高龄去世。

除了巨鹿路的无线电训练班和李白、秦鸿钧、邓国军等在黄陂南路、瑞金二路建立的秘密电台，黄浦区境内还有东台路第三国际电台、黄陂南路710弄福熙村46号秘密电台。黄浦是党的诞生地，也是一片红色基因浸染的土地，在血雨腥风的革命战争年代，红色电波在这里如脉搏般跳动，始终和党中央保持紧密联系。

由于城市的发展，当年开设在弄堂里的电台，有些所在建筑已经更新，有些还保留了原来的模样。但在黄浦的街头行走，仍能感受到信仰和忠诚，危险和抗争，以及城市街道上空永不消逝的电波。

绝不仅是美食街的黄河路

凑巧走到黄河路，倒有点故事好讲。

黄河路原名派克路（Park Road），"Park"之名的由来，说起来有点意思。一般的说法，黄河路辟筑于1887年，初名东台路（和原卢湾区的东台路同名），1904年前改称派克路，1943年10月更名为黄河路，这是老版《黄浦区地名志》上记载的，相信是比较准确的。但"派克路"之名如何来的？没有讲。

望文生义的说法，黄河路隔着南京西路（旧称静安寺路），对面就是人民公园，叫Park Road毫无疑问。但人民公园是上海解放后改名的，1904年的时候，那里还是跑马厅，英文名叫Shanghai Race Club（上海跑马总会，按照现在的译法则是上海跑马俱乐部），如以跑马厅为名，称作Club Road可能更贴切，为什么叫Park Road呢？有一种观点认为"派克路"得名于英国公使阿礼国（Rutherford Alcock）的翻译亨利·派克，是为表彰其扩张租界有功。对此说我有一点疑问，因阿礼国和当时的苏松太道道台麟桂（有人说是上海道，事实上上海当时只是县城，并无"道"一级别的资格）订约扩张租界，是在道光二十八年（1848年），之后1851年辟筑花园弄（今南京东路的前身，又名派克弄，Park Lane），阿礼国团队中如有"派克"其人，按道理应该和南京路关系更密切。而阿礼国去世四年后，1901年，虹口命名了一条爱而考克路（Alcock Road，即今安国路）。在19世纪80年代为阿礼国的翻译命名一条马路，我觉得不太可信。当然这只是我根据我的认识进行的一点推测，并非严格的考证，只能表达这个意思：黄河路原名派克路，"派克"（Park）之名的得来，我有点疑问。

我一向信奉"尽信书不如无书"，何况还是网上看的材料。比如现在一般的说法，黄河路长755米，老版的《黄浦区地名志》是这么写的，百度百科也是这么写的，还有什么疑问吗？当然有疑问。因为755米的黄河路，是从南京西路延伸到南苏州路的，但新闸路到南苏州路中间那段几十米的黄河路，已经盖了中泰公寓，路没了。755米怎么也应该减掉二三十米，对不对？现在的黄河路，应该是从新闸路口的"超级过街楼"开始的。

黄河路青岛路口的"金色家园"，裙房是商务楼，有商店也有教育机构。这里原来是上海交通运输公司工人俱乐部，之前叫交运会场，再早是建于

黄河路新闸路口的"超级过街楼"

民国十九年（1930年）的明星大戏院。

明星大戏院最初以电影为主，20世纪40年代改营戏剧，兼映电影。在越剧历史上，明星大戏院有其独特地位，先后有雪声越剧团、东山越艺社等在这里演出。徐玉兰为首的玉兰剧团先是在龙门大戏院，后转到国泰大戏院，总是经营困难。来到明星大戏院以后，徐玉兰找到自己的黄金搭档王文娟，开始了一段越剧传奇。而范瑞娟、傅全香、张桂凤、毕春芳、吕瑞英、金采风等演员，以及南薇、韩义等编导，先后都曾在雪声和东山工作过。明星大戏院在越剧史上的地位，由此可见一斑。解放以后除了演出越剧，勤艺、努力等沪剧院也曾在此演出。不过明星大戏院1961年结束营业，交运工人俱乐部后来也成了商品房，其历史，只有从照片和文字中才能看到了。

过了青岛路后的一大片旧式建筑，是著名的承兴里。老上海人熟悉的打弹子、滚圈子、踢毽子、造房子、刮片子等弄堂游戏，在承兴里这条弄堂办成了运动会，并因此造就了"健身弄"的传奇。1988年，当时承兴居委会洪克敏等人组织居委里的妇女召开"妇女运动会"，内容就是上海人熟悉的弄堂游戏，后来男同胞也参与进来，"九子游戏"成为上海弄堂文化不可分割的一部分。

在黄河路北京西路口的黄河路178号（门牌号已无从寻找），曾诞生过中国第一家女子医科学校：上海女子中西医学校，创办于1905年。很多上海人都知道锦江饭店的创始人董竹君，却不知上海还曾有个"中国的南丁格尔"张竹君。

张竹君1876年生于广东番禺，1900年成为中国第一位女西医，1904年到上海。根据相关记载，张竹君在"派克路登贤里"开设诊所，这个说法显然有误。登贤里虽然离黄河路很近，但却是在凤阳路上。凤阳路原名"白克路"（Burkill Road），派克、白克，听上去有点相似，是否这里搞错了？张竹君的学校地址是派克路178号，离她的诊所也不远。张竹君学西医、不缠足，还在上海教女性学西医，是具有划时代意义的，当时引起相当大的争议。1911年辛亥革命后她又发起成立中国赤十字会。马君武崇拜张竹君，追求未成后写了"女权波浪兼天涌，独立神州树一军"的诗，多少有点酸，不过道出了张竹君的抱负：绝不仅仅满足于当一名医生，她要做中国女权运动的领袖。1937年抗战全面爆发后张竹君即深居简出，直到1964年在上海病逝。张竹君有一次和伍廷芳夫人坐船来上海，中途遇盗，匪徒听说被抢的是张竹君，奉还财物之外还连连道歉："实在不好意思"，这是民国报纸上登载的事情，真假难辨，但也从一个侧面反映张竹君女士之为人。

北京西路以南，就是当年著名的"美食一条街"黄河路了。黄河路和乍浦路当年的繁华，从老照片中可以看出端倪，尤其是夜景，用"灯红酒绿"来形容再贴切不过。围绕着这条美食街，风云人物起起落落，如今繁华落尽，有几家老字号依然在坚持，街上开出很多稀奇古怪的网红或网不红的新式餐饮，延续着美食街的血脉。当然还有张爱玲住过的长江公寓、原名"卡尔登大戏院"的长江剧场，以及上海滩执素斋牛耳的功德林……只是当年黄河路的繁华和传奇，终究已是过眼云烟。

向南一直到国际饭店，黄河路的故事应该结束了。结束这段旅程之前，我想提个问题："国际饭店"这四个毛笔字，出自哪位书法家之手？恐怕没有太多人知道。我也是从一次偶然的机会得知：写这四个字的，是复旦大学老教授林同济先生。林同济1906年生于福建福州，清华大学毕业。20岁赴美留学，专攻国际关系和西方文学史，兼及哲学。回国后执教于南开大学、西南联大和复旦大学，在

黄河路上鳞次栉比的店招

昆明创办《战国策》杂志,以战国时代的谋士自诩,研究天人之变,融合中西哲学,提出了一系列以重建中国文化为宗旨的主张。新中国成立后在复旦大学任教,因为历史原因,一系列变故他都遭遇了,谋士当然做不成,西方哲学也不能研究了,就到外文系教英语。复旦大学外国语学院的网站上对其介绍为"著名莎士比亚研究学者""译有《哈姆雷特》",当然他的学术成就不止于此,人生追求亦不止于此。但他的思想和著作,现在知道的人不多了。留下"国际饭店"这四个毛笔字,每一个排队买蝴蝶酥的人,包装袋上都有这四个字,虽然吃者无心,但也算是对林同济先生的一种纪念吧。

好了,关于黄河路的故事暂且先说到这里。在鳞次栉比的店招背后,还有多少往事值得人们去了解呢?

新局门路老厂房的一段痛史

吃好夜饭出门散步，黄浦江边走走。徐家汇路以南的卢湾南区，近些年变化非常大。记得小时候瞿溪路再往南，还能看到农田。龙华东路只是一条曲曲弯弯的小路，江边则有著名的江南造船厂。改变是一点一点进行的，弹街路变成柏油路，简屋和工厂成了商品房和创意园区。直到世博会，彻底改变了这个区域的模样。江南造船厂搬走了，老厂房成了展示馆。鲁班路、蒙自路、制造局路等都延伸了，龙华东路成了宽阔的通衢大道。局门路的变化就更有意思了，原来南端到铁道路，现在铁道路已经湮没，局门路本该到中山南一路就结束了，却在龙华东路以南开出一段L型的新"局门路"，先是南北向，然后转为东西向，和蒙自路相交，延伸到鲁班路。

第一次注意到这段新局门路，是因为这条路的尽头有国际乒联博物馆，初看到"局门路"的地址时，我还以为是在中山南一路某个地方。后来查找地图才发现，原来此处有了条新的局门路。这一带很多年没有走过,既然有一点空闲时间散散步,不妨就到那里看看。局门路和蒙自路本来是两条平行的马路,因为新局门路的L型路线,有了个交叉口,在这里我看到了一所历史建筑:民国时代的海军制造飞机处旧址。

很难想象,这样一座三开间门面、几十米方圆的普通厂房,当年就是民国海军制造水上飞机的工厂,和这座厂房相关的,是一段民国海空军奋斗和幻灭的痛史。

谈海军制造飞机处,要从它的前身、中国第一家飞机制造厂马尾海军飞机制造厂谈起。海军制造飞机处的首任主任巴玉藻是蒙古克什克腾旗人,但出生于镇江(因其父系驻防镇江的八旗兵)。巴玉藻1910年入英国阿姆斯壮学院学习机械工程,民国建立后转赴

民国海军制造飞机处旧址

美国麻省理工学院攻读航空工程学,毕业后在美国寇提司和通用飞机公司任职,1917年和同学王助、王孝丰、曾诒经等辞职回国,于1918年在福州船政局内设立飞机制造厂,名为"海军飞机工程处",巴玉藻任主任,中国的飞机

民国海军制造飞机处旧址铭牌

制造业由此起步。在福建马尾,巴玉藻牵头设计出中国第一家飞机:甲型一号水上飞机。1929年,赴欧洲考察回国后的巴玉藻突发急病,一开始以为是肠炎,后确认为脑部中毒,终于回天乏术,去世时年未满37岁。不少关于巴玉藻的介绍写其为日本间谍所害,其实并无证据,巴玉藻的死因至今是个谜。当时媒体对巴玉藻溘然离世的评价是:"铁砚空磨,多少缺憾。"

巴玉藻的继任者王助是中国近代航空事业的一位奇人。他和巴玉藻是同学,一起赴英美留学,一起回国创立中国自己的航空事业。王助还有一个光环,他是美国太平洋飞机公司(波音公司前身)聘任的第一位航空工程师,为波音公司设计了第一款获得商业成功的飞机,也有人称其为"波音之父"。波音公司在介绍王助时,用了"the first and the best"(第一和最好)这样的词语。在王助的时代,即使在美国,航空人才也是稀缺的,当时波音公司只有王助一名工程师,他对波音公司的意义是显而易见的。王助在杭州笕桥机场发现了优秀的实习生钱学森,1935年钱学森赴美留学,就读于王助的母校麻省理工学院。

巴玉藻和王助都是清代出去留学，北洋政府时期回国的。在蒋介石国民政府的系统里，他们属于边缘人物，无论是经费的申请还是各种资源的调配，都得不到重视，上头对他们是"防一脚"的。果然，1931年国民政府把海军制造飞机处从福建马尾迁往上海，并入江南造船所，独立的经费也被砍掉了。王助转入中国航空公司任总工程师，不久入军政部航空署担任上校参事。1934年王助担任中央杭州笕桥飞机制造公司监理，后来又担任过一些其他职务，总之地位不低，但权力越调越小。1949年以后王助去了台湾，在成功大学机械系任教，相当于隐居，直到1965年病逝。

现在局门路这座建筑的主持者，是巴玉藻和王助的另一位同学曾诒经。曾诒经回忆工厂从福建迁到上海时的状况："工厂移至上海时，飞机处已成无龙之首，若让这些熟练工人和技术人员散掉，未免可惜。因此我个人不得不尽绵薄之力维持局面。"正是因为曾诒经的坚持，从福建马尾起步的海军飞机制造处在上海延续了六七年时间，研制出江鹤号、江凤号等新型水上飞机，于1933年建造出我国第一架舰载水上侦察机，到1937年共在这座小小的厂房里研制出水上飞机约20架，以及12架陆上教练机。

1937年抗战全面爆发，区区二三十架飞机要抗击日军是不可能的。为保存飞机制造的一点血脉，1937年8月，海军制造飞机处先迁移到湖北宜昌，后撤到成都，合并于中央航空委员会，最后改组为第8修理工厂，"海军飞机制造处"终于消失在历史长河之中。资料显示曾诒经于1960年去世，他曾留下一篇回忆录性质的文章：《旧中国海军马尾船政局制造飞机的回顾》，由"旧中国"三字推断其1949年以后应该没有去台湾。但他到底在那里工作？又做过些什么？居然没有留下资料，和他的老同学、老长官巴玉藻之死一样，成了一段悬案。

了解了民国时期海军飞机制造处的这段痛史,再来看这座老厂房,自然更有意义。如今中国的军事实力已是今非昔比,有强大的国防,也有强大的军队。抚今追昔,巴玉藻、王助、曾诒经,以及他们在海军制造飞机处多年的奋斗,也是不可磨灭的历史。这座老厂房能够修缮一新,并把老的徽章、文字还原出来,是对那个时代的纪念,也是对当代人的提醒和激励。

在那个有心无力的年代,巴玉藻留下了这样一段话:"人类竞争的工具在现代是科学知识,是那上了科学轨道的制造能力。各种科学战斗的能力是和学术团体及设备有密切的关系;我们海军要想将来能够在世界上、国内外立得足,除掉赶紧走上科学的轨道,是没有别法的。"

至今读来,还是振聋发聩。

黄浦少年路，茫茫人生路

近几年老南市变化极大，很多熟悉的地方已辨不出原来的模样。大兴街、黄家阙路附近造起很多新房子，路的轮廓倒还在。有一条和中华路平行的小斜街，有个有趣的名字：少年路。

南市有趣的路名很多，和面筋弄、咸瓜街这些相比，少年路的名字并不显得特别异类，所以小时候经常路过，却不曾特别留心，更没有想过这条路名的由来。前一阵路过此地，偶然进去转了转，睽违多年的"少年路"已改名为"黄浦少年路"，据说因为别区也有相同路名，因而冠以"黄

黄浦少年路路牌

浦"。我查找了资料,另一条"少年路"在浦东新区的南汇,也是一条很短的小路,不过并没有冠以"浦东少年路"或"南汇少年路"的名字。

黄浦少年路总共约一百米长,历史却十分悠久。"少年路"之得名,来自民国时代上海老城厢一个少年组织:少年宣讲团。1912年,上海启明小学学生汪龙超等发起组建少年宣讲团,以宣传爱国思想、改良风俗、普及文化知识为宗旨,组织青年学生利用课余时间上街宣讲,进行社会调查,还开展送医送药等慈善活动。

到1922年,少年宣讲团已经有十年的历史,汪龙超等集资在小西门中华路南侧修建宣讲团总部和会场,夏季设医送诊,冬季办通俗义务夜校。宣讲团提供报纸,市民只要在门口签个名就能进去免费看报,后来宣讲团在老西门搭建了上海第一个公共阅报栏。为表彰少年宣讲团的功绩,沪南工巡捐局于1923年把宣讲团所在的道路命名为"少年路",以资纪念。

少年宣讲团从1912年民国初年发起,一共存在了25年。到1937年淞沪会战爆发,上海南市因地处战区,房屋被日军炸毁,这才不得不停止活动。但"少年路"的名字却保留了下来。少年宣讲团创始人汪龙超的资料我没有找到,但少年宣讲团确实出了一位了不起的"少年",那就是中国戏剧和电影史上的划时代人物应云卫。

应云卫1904年生于上海,16岁辍学后在美国慎昌洋行和华商轮船公司学生意。工作之余在八仙桥青年会夜校学习,认识了志同道合的朋友孟君谋、钱汝霖、程泽民(程泽民的妹妹程梦莲后来成为应云卫的夫人)等。他们一道参加少年宣讲团,从事化装宣讲活动。应云卫是宣讲团的"云卫队"的队长,队里包括他在内共有七人,应云卫熟悉京剧、昆剧、苏滩等各种戏曲曲艺,"云卫队"在表演上独树一帜与众不同。他们运用滑稽戏、哑剧等形式举办化装讲演，把"天下兴亡匹夫有责"的大道理用诙谐有趣的形式表达，很受市民欢迎。

1921年应云卫应中华职业学校黄炎培的邀请，创立中国早期的业余话剧团体"上海戏剧协社"，正式进入戏剧和电影世界。在几十年的导演生涯中，应云卫导演了戏剧《怒吼吧！中国》《大地回春》《屈原》，电影《桃李劫》《八百壮士》《塞上风云》等，都是中国戏剧和电影的经典之作。1967年，身患心脏病的应云卫被迫害致死，1978年平反，夏衍在《悼念应云卫同志》一文中这样写道："云卫同志是早期的话剧运动的著名组织者和优秀的导演，云卫同志在党的领导下对文艺事业所作出的贡献，我们这些后死者永远不会忘记，在中国的话剧、电影史上，他的名字也永远不会磨灭。"应云卫离开的那天是1967年1月16日，患心脏病的他从医院里被揪出来批斗游街，在大光明电影院门口，被推下车，送到瑞金医院急救，但为时已晚。儿子应大明急匆匆赶去，应云卫已经停在太平间了。多年以后，应大明在接受记者采访时这样回忆："我去问造反派能不能办丧事，我永远都记得那个人先背诵了一句诗词'冻死苍蝇未足奇'，再撂下了一句，应云卫没定性，要办就办！"

少年路似乎和文艺有缘，除了应云卫，著名"双字辈"滑稽演员李青也是在这条路上出生、成长的。他和童双春的组合带给上海人很多美好的记忆，童双春在一篇文章中曾提到他们的少年往事："休息天他（指李青）经常从南市区（现为黄浦区）少年路，一路小跑到九江路我原来的住处排戏，吃点我爱人做的便当后，就开始连续排练，直至华灯初上⋯⋯"从黄浦少年路到九江路，路倒还挺顺，中华路和云南南路直接相通，不过直线距离也有两三公里，走

2018年时的黄浦少年路

走至少四五十分钟。艺术家们尚未成名成家时所受的磨炼，常常可以从他们的回忆中表露出来。

2020年公映的电影《荞麦疯长》，制片人是著名的影评人藤井树，演员则有马思纯、钟楚曦、黄景瑜等。虽然该片业界口碑不一，票房也没有获得成功，但因为电影以上海作为故事发生的背景，还是引起我的关注。2018年该片拍摄杀青时发布了一款海报，全体演职人员的合影，正是黄浦少年路和西华路的三岔路口。

如今走在黄浦少年路上，民国风云和少年宣讲团早已成为过去。现在的它，只是一条普通得不能再普通的小街道，因为城市的变迁，路边的房子已经征收，居民也搬走了。黄浦少年路，正在静静地等待未来的命运。

一些鲜有人知的"一·二八"抗战纪念地

1932年1月28日,日本海军第一遣外舰队司令盐泽幸一指挥海军陆战队攻击上海闸北,驻防淞沪的第十九路军在总指挥蒋光鼐、军长蔡廷锴的率领下奋起反抗,闸北、江湾、吴淞、曹家桥、浏河、八字桥……抗日志士碧血斑斑。3月初日军偷袭浏河,中国军队被迫退守,至5月签订《上海停战协议》。淞沪抗战是十四年抗战的重要起点之一,体现出了团结一致、不畏强暴、敢于牺牲、追求正义的精神。"十九路军血战淞沪",留下一段佳话。在上海宝山区,有"一·二八纪念路"和"淞沪抗战纪念馆"专门纪念这场难忘的战役。在普陀区的真如,也有"淞沪抗战十九路军军部遗址"供后人凭吊。但或许很多人并不知道,在徐汇的龙华,也曾有一座已经消失八十多年的"一·二八纪念园",也是很值得一说的。

事情,要从一张标记错误的老照片开始。众所周知,民国时期出版的《上海市行号路图录》一书是研究老上海的重要工具书,上下册分别出版于1947年10月和1949年4月。该书总体来说质量极高,但也偶有错误。如该书下册有一张插图,标记"一·二八阵亡将士纪念塔",并注明地址为谨记路(今宛平南路)1068号,当时已拆除。但这张照片摆了乌龙,且错处有二:其一,图中出现的"一·二八阵亡将士纪念塔"不在上海谨记路,而在杭州,由刘开渠创作。此塔一度消失,2003年在西子湖畔重建。其二,谨

位于普陀区桃浦路车站新村内的十九路军军部遗址

记路1068号原来确实有一座纪念塔,但那是"国民革命陆军第五师阵亡将士纪念塔",虽然这座塔消失在历史长河中,但《上海市行号路图录》下册付梓时的1949年,塔还在。

现在的宛平南路原名谨记路,在这里曾有一座纪念塔,但和"一·二八"淞沪抗战并无关系,而是"国民革命陆军第五师阵亡将士纪念塔",位于谨记路1068号,在龙华路和宛平南路交叉处南。塔建于1932年春,由国民革命军第五师师长熊式辉所建。熊式辉1928年任该师师长,旋即担任淞沪警备司令。1931年熊式辉担任南昌行营参谋长、江西省主席,离开了上海。由他主持,在上海龙华建造了这座纪念第五师阵亡将士的纪念塔。塔以石砌成,高约20

一些鲜有人知的"一·二八"抗战纪念地   73

米，呈六边形柱状，直径两米，塔顶为圆帽形，安有避雷针。

宛平南路1068号在上海解放以后是龙华装卸站机械保养场，这座纪念塔一直保留到1966年，于当年8月24日出砸毁。如今塔址已经建造了商品房，路口有一块绿地，大概还能想象出当年纪念塔所在的方位。

谨记路有"一·二八"纪念塔看来是个乌龙，那么龙华附近是否真的存在过这样一个纪念地呢？回答是有的，但不是塔，而是一座纪念园。在龙华镇北、华容路南、龙华路西，原国民党淞沪警备司令部内，曾有一座"一·二八"纪念堂，是用原警备司令部的大礼厅改建的。1932年淞沪抗战时，当时的淞沪警备司令戴戟（熊式辉的继任者）与十九路军将领蒋光鼐、蔡廷锴等曾在此运筹帷幄。淞沪抗战之后，为悼念战役中牺牲的全体抗日将士，遂将大厅改建成纪念堂，于1933年6月动工，8月10日举行落成典礼。堂

左起：戴戟、蒋光鼐、蔡廷锴

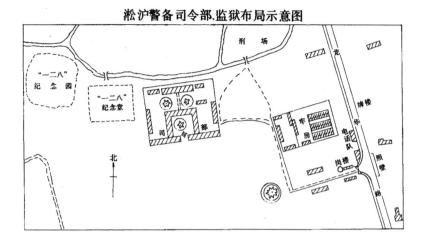

淞沪警备司令部布局图,"一·二八"纪念园和纪念堂位置在西侧

内四壁悬挂参加"一·二八"淞沪抗战的高级将领画像、阵亡将士遗像、作战图表和名画家的抗战油画17幅,以及各界赠送的镜框、对联等,纪念碑文由戴戟撰写。堂外还有"一·二八"纪念园、"一·二八"纪念亭各一,每年1月28日对外开放以示纪念。

戴戟,安徽旌德人。1916年保定陆军军官学校第三期步兵科毕业,先入滇军,后入粤军。1931年12月任淞沪警备司令,上任不久,"一·二八"淞沪抗战就开始了,戴戟写下遗书,誓与上海共存亡。十九路军撤出上海后,戴戟留任淞沪警备司令,后调往福建,参与"福建事变"反对蒋介石,后流亡香港。抗战中他曾担任皖南行署主任,抗战胜利后不愿参加内战而退役。1949年他在上海迎接解放,曾任安徽省副省长、民革中央委员、全国政协委员等,1973年去世。"一·二八"淞沪抗战,人们知道得较多的是蒋光鼐和蔡廷锴,相对来说,戴戟没有那么著名,但他的历史功绩是不可磨灭的。

淞沪警备司令部旧址现为龙华革命烈士纪念地的一部分，承载着一段以牺牲和死难为印迹的红色记忆。当年，它是关押、屠杀革命者的暴力机器，也是国民党的反动大本营。不过在"一·二八"淞沪抗战期间，这里确实曾是反抗日本侵略者的指挥部，后又曾建造"一·二八"纪念园和纪念堂等。这些建筑在抗战期间被毁，当然也不太可能再恢复。但重温这段历史，并不是没有意义的。

寻访上海南市难民区纪念碑随感

2015年，我读到上海师范大学苏智良教授和美国学者阮玛霞（Marcia R. Ristaino）撰写的关于1937年到1940年间，上海南市难民区的相关研究书籍和文章，对这个话题引起很深的兴趣。作为一个上海人，此前我竟然从未听说在南市还有这样一个收容了30万名逃难国人的难民区，更不知道有一个独臂神父饶家驹（Robert Charles Emile Jacquinot de Besange）。

2016年我在公众号写了一篇《饶家驹：方浜路的辛德勒》，希望我的读者能够了解南市难民区和饶家驹神父的事迹。近几年南市难民区和饶家驹被更多的人知晓，电视里播出了相关的纪录片，上海淞沪抗战纪念馆里树立了饶家驹神父的铜像。1940年饶家驹离开中国时，难民区里的中国人曾以人手一块砖头的方式为他的纪念碑奠基，但因为历史的原因，这座纪念碑直到2017年底才在城隍庙里树立起来。

饶家驹（陈予钢绘）

我一直想去看一看这座纪念碑，但总有这样那样的事情没能成行。不久前终于进了城隍庙，找到了这座上海人的生命之碑。

找到这座纪念碑，说起来有点周折。我先在手机导航上搜寻"上海南市难民区纪念碑"，根据定位来到了城隍庙附近。上海的老城隍庙区域不大，南门进北门出，总共也就几十米，方圆大概两亩地吧。可就在这仅两亩地大小的区域里，手里拿着手机导航，我还是找不到这块纪念碑。正所谓"山重水复疑无路，柳暗花明又一村"，就在我准备到庙外头去找的时候，在山门边上的一角，发现了这座纪念碑。南市难民区的英语名字是 Safety Zone of Nantao，也叫 La Jacquinot Zone，直接用了饶家驹的名字。上海南市的英文名字"Nantao"，说起来蛮有意思的，其实是"南岛"的音译，本来并不包括老城，指的是法租界以南、老城厢东南的这一块华界区域，因为位于法租界的南部，形状像一座岛，所以称为"南岛"。辛亥革命以后城墙拆除，城里城外融为一体，所以南市整体就被外国人称为"南岛"了。

1937年抗战军兴，上海沦为战地，租界成为孤岛。来上海逃难的难民不知凡几，人人都想逃进租界，但仅有少数人能如愿。绝大多数无权无钱的普通人，只能沦陷在日寇的铁蹄之下，随时可能成为枪炮下的冤魂。饶家驹神父1913年来上海传教，担任过徐汇公

上海南市难民区纪念碑

学、震旦大学的教师。在一次实验中因不慎爆炸失去了右手，所以被称为"独臂神父"。淞沪会战爆发后，饶家驹举起他仅有的一条手臂，建立南市难民区。从1937年11月9日到1940年6月30日，难民区运作了32个月，这个二战中最早、最大的难民区，保护了30万难民，创造了难民救助的"上海模式"。这一模式后来被推广到南京、汉口和欧洲等地。二战结束后，饶家驹赴柏林从事善后救济工作，救助曾是敌国的德国民众。1946年9月10日，饶家驹在柏林去世，终年68岁。现在他的墓在柏林，墓碑上有四个汉字："仁者爱人。"

当年的南市难民区，有的因为年久失修成为危房，有的已经经历动迁改造成了高楼大厦。方浜路、安仁街、北王医马弄、旧校场街……这些充满历史韵味的地方，它的每一条街道，都曾经是我们

上海南市难民区纪念碑碑文

前辈赖以栖身的地方，它的每一块砖瓦，都曾经见证过我们前辈的血泪和叹息。但这些地方终于将要成为历史。二战结束以后，曾有上海市民提出将方浜路改名为"饶神父路"，并在方浜路上树立饶家驹的纪念碑。可惜因为社会的变迁，这一动议未曾成为现实。

在这块好不容易找到的纪念碑前，我伫立良久。很惭愧，作为一个上海人，作为一个抗日战争后逃难来上海的"新上海人"第三代，在很多年里，我并不知道有"南市难民区"的存在，更不知道饶家驹这个名字。新年到了，城隍庙的香火特别盛，一千多平方米的狭小区域里，有大殿、元辰殿、财神殿、慈航殿、城隍殿、娘娘殿、父母殿、文昌殿、关圣殿，等等，中国传统信仰体系中的诉求，你都能在这里找到相应的神祇。相比之下，南市难民区的纪念碑很寂寞，我在这里站了大概有十分钟，几乎没人朝这里看一眼。来了一对北方口音的学生，在纪念碑前取香，看我正在拍照，问我这是什么。我说这是南市难民区纪念碑，抗战期间曾经保护过三十万难民，两位学生好奇地停住脚步，拿出手机拍了张照，对我说："谢谢。"

上海城隍庙的山门上有四个大字：保障海隅，字是明朝时的上海知县冯彬所题写，原匾早就无存，现在看到的金字是1994年上海城隍庙恢复开放时，根据历史照片重新书写的。上海本来是"海隅"，海边一个小小的角落，因缘际会成为国际性大都市。这座城市是有灵性的，不管来这里的人身份、地位、背景、贵贱、贫富如何不同，都能在这里站住脚、生住根，尽管是海边一隅，却有海纳百川的胸怀。但是，看着寂寞的南市难民纪念碑，我还是有几分疑惑：难道它不应该建在更醒目的地方吗？难道它不应该接受人们更多的敬礼和赞美吗？

1937年的一个秋夜,目睹中国难民求告无门的惨状,饶家驹神父写下了一首诗,名为《祈祷》,特抄录一段作为这篇小文的结尾:

　　最让我们恐惧
　　现在不是,过去不是,可能将来它会是
　　仅仅一滴泪珠
　　与苍白的梦无异的一种情绪
　　主啊!请让我们重生希望!
　　未来仅是你的:阴影
　　今夜正厚厚地铺展开来
　　为了我们,请让黑暗减少一些吧。

寻访上海的"大王庙"遗踪

如今上海的夏天奇热,以往35℃已经蛮稀奇,现在40℃都不当回事了。酷热难耐,不免有朋友感叹:哎呀,求龙王爷显显神通,下点雨就好了。说起"龙王爷",上海历史上还真有几座崇拜"金龙四大王"的大王庙。城市更新的大潮汹涌澎湃,苏州河的"河神"金龙四大王也无法幸免。只是人的房屋被"征收"多少能领到补偿,而神明一旦被"征收",顶多在原址立块碑或是画几张画,只能收了神通。在酷暑中寻访几座"大王庙"的遗踪,算是作一点历史的记录吧。

谈"大王庙",先要说一说"金龙四大王"究竟是何方神圣。追根溯源,金龙四大王是南宋末年一位名为"谢绪"的人,隐居在浙江会稽金龙山。元兵南下,谢绪坚决不和侵略者合作,投江而死,尸身打捞上来僵而不坏,乡人在祖庙之侧建祠祭拜。因其居住于金龙山,在兄弟中排行第四,所以人称"金龙四大王"。本来只是民间的称谓，元末朱元璋和元军蛮子海牙在浙江交战，一度战事不利，情急之下看到空中有神明披甲执鞭、驱涛涌浪，敌军的战船受阻，朱元璋反败为胜。查下来当地有谢绪这位忠义之士，于是"金龙四大王"受了诰封，成为官方认可的神仙。又因屡现灵异，成为护佑漕运的神灵。

上海因水而兴，奉祀河神的传统从清代起就开始发展。在苏州河老闸和新闸附近，都建造了金龙四大王庙以求平安。老闸大王庙又称通济龙王庙，地址是厦门路7号。这座庙的历史比金龙四大王本身的历史更长。元代《嘉禾志》记载："在府（指松江府，作者注）东北沪渎，相传钱氏有国，已庙食兹土。宋景祐五年，叶清臣浚盘龙汇，祷神有应，重新之，刻祭文于石。明隆庆间海忠介公筑闸时重建奉金龙四大王。"也就是说宋代之前此地已有奉祀河神的庙宇，到明朝海瑞主持建造最早的吴淞江老闸时，开始供奉金龙四大王。

据《同治上海县志》记载："通济龙王庙，今称大王庙，在吴淞老闸口。"清同治十一年（1872年）拨款修葺，光绪十九年（1893年）邑人瞿开桐等添建官厅于庙北，并建造官码头。

老闸金龙四大王庙的主要功能是镇治吴淞江水，以高姓道士为庙主，属道教正一派。虽然庙的规模不大，但影响不小。传统每年端午节苏州河要赛龙舟，出发的时候要在这里迎神朝拜，观者如堵。1949年后香火衰落，庙的开支由保安司徒庙（即南京东路石潭弄的红庙）贴补，1959年该庙停止活动，房屋由川湘土产食品厂使用。如今"厦门路7号"的门牌已经消失，湮没在一片新建的大楼之中，当年金龙四大王的遗迹，已无从寻找。

大王庙周边的老闸地区，自古以来就繁华，早在1860年，工部局就在盆汤弄（今山西南路）建造老闸捕房，管理周边地区的治安，这也是工部局建立的第一个分区巡捕房，直到1943年解散。大王庙附近有众多戏院，绍兴人章益生20世纪20年代开办老闸大戏院，因"绍兴大班"猴戏出名，被人们称为"活猴章"。章益生的儿子章宗义和孙子章金莱以扮演孙悟空著名，艺名"六龄童"和"六小龄童"，六小龄童80年代在央视电视剧《西游记》中扮演的孙悟空形象已是永恒的经典。

而在大王庙附近的宋家弄，曾有一家浙东大戏院。1947年10月26日，27岁的越剧名伶筱丹桂不堪忍受戏院老板张春帆的折磨，留下"做人难，难做人，死了"的话，喝下来沙尔药水，香消玉殒。年轻的她在这里表演、生活，在舞台上扮演各种角色让观众快乐，回到楼上又默默地流泪，最终自行了断了27年苦难的生命。

在成都北路，也有一座大王庙，被人们称为新闸大王庙，位于苏州河的南岸，也是正一派的道观，建于清嘉庆年间。根据相关记载，每年暮春三月，上海各处乡民聚集该庙，迎神赛会，热闹异常。20世纪20年代末，有外国旅游者记载有关新闸大王庙"出会"的情景："四月底，从这个道观出来一支令人惊异的队伍在此地巡行。这支队伍的特点是常常有六个大胖子，他们身披着深红色的丝绸长袍，上身袒露，直到腰际。扮演刽子手，执法森严……"新闸大王庙原由在家道长朱姓主持，清末改由李姓道长世袭。成都北路原为陈家浜，靠近苏州河的一段曾因大王庙的存在而得名"大王庙路"，1905年由公共租界工部局接管，筑为成都路的一段。随着租界的城市化建设，大王庙周边建起大量石库门建筑，大王庙部分被怡和丝厂占据。抗战胜利后又陆续开设过一些冶金厂，1949年后渐渐没了香火，到60年代停止宗教活动，只是成都北路、大田路靠近苏州河

大田路大王庙旧址

的一带,被人们习惯称为"大王庙"。如今"大王庙"地块已经征收,但在大田路一侧的围墙上,有一段关于大王庙历史的彩绘壁画,告诉来往的人们此地的历史。

说完这两处"大王庙",似乎我的大王庙之旅可以告一段落了。但上海还有一处著名的"大王庙",也不得不提。由刘海粟、乌始光、张聿光、汪亚尘等于1912年在虹口乍浦路创办的上海美术专科学校(简称上海美专),其校址多次迁移,学校也经历了数次分分合合,后迁址南京,成为南京艺术学院。上海的画家们于1959年建成上海市美术专科学校,简称"上海市美专",和老上海美专相比,多了一个"市"字。上海市美专曾在陕西北路500号、万航渡路1575

号原圣约翰大学韬奋楼、漕溪北路502号原"土山湾画馆"旧址等地办学,学校名称也改为"上海市美术学校",1983年后称为上海大学美术学院。该校1969年曾搬到天津路414号,在老上海市美术学校毕业生的回忆里,天津路的校址也被称为"大王庙"。此处"大王庙"究竟有何来头?至少目前从资料中无从查找。或许是因此地距离福建中路老闸大王庙不远的缘故,但从地图上看,从天津路到厦门路,中间隔了宁波路、北京东路,还是有一定距离的。整个地块称为"大王庙",不太可能。

上海海关钟楼的风雨夜

一提到上海,很多人的第一反应就是被称为"万国建筑博览会"的外滩。而在外滩那么多经典建筑中,曾作为市政府的汇丰银行旧址(现上海浦东发展银行总行)和如今依然在发挥作用的海关大楼有着特殊地位。不仅因为从地理位置上来说,这两幢大楼占据了外滩的"C位",任何一张拍摄外滩的照片,都少不了它们的雄姿。

到海关大楼的钟楼上去看一看,是我从小到大的一个梦想。每当漫步在外滩,只要听到海关大楼的钟声,就会不禁慢下脚步举头张望。只要听到海关钟声敲响,就知道自己身在上海,这已经成了上海的一个印记和标志。近年来介绍海关钟楼的文章不少,这幢大楼似乎掀开了神秘的面纱,但还是"犹抱琵琶半遮面",因为海关大楼并未对公众开放,想到楼顶参观谈何容易。到了2019年,经热心的海关朋友牵线,我非但得以上到钟楼一窥堂奥,还有幸认识了驻守钟楼28年的"守钟人"魏云寺大哥。

上海海关大楼是当时外滩最高的建筑物,彼时之上海万商云集、车船辏辐。但凡由吴淞口驶入黄浦江的各国商船,很远就能看到海关大楼,它是上海的航标和灯塔。在海关大楼上建钟楼,更有海关自身业务的需要。因各国商船自备的时钟误差很大,殊难统一,于是由江海关设立钟楼报时,以此为准。上海的海关大钟由英国Whitchurch公司设计制造,和英国伦敦的大本钟、俄罗斯莫斯科的大钟为"姐妹钟",名列亚洲第一、世界第三。海关钟楼现任"守钟人"魏云寺近年来经过媒体报道,已经是上海滩的名人,见到我们,魏师傅十分和气:"你们准备好了吗?我们开始参观吧!"

海关钟楼分机芯房、铜

海关大楼

1925年大钟铸就时的铭文

钟座、旗杆台三层，机芯房是大钟的心脏部位。上楼的铁质旋转扶梯仅容一人通过，角度接近90度，共69级。小时候看过一部英国老电影《三十九级台阶》，外滩钟楼的楼梯让人想起英国老电影。

　　在钟摆的下方，魏师傅向我们展示了一个特殊的沙箱。一般人会认为沙箱的作用是消防，但此处却是为了缓冲。因海关大钟的发条每一根的重要都达到一吨，一旦发生意外坠落，其冲击力足以击穿楼顶。在此处设置沙箱，作用是在万不得已的情况下缓冲其冲击力，真是"不说不知道"呢。

　　转了一圈又一圈，来到机芯房。在轿车车厢大小的机芯中，数百个齿轮相互咬合，由钢丝绳连接三根发条，三根发条又分别连接着"走时""报刻""敲整点"的钟摆。魏师傅介绍，海关大钟是机械钟，分秒不停运转着，常年运转，机芯磨损难免，一般的钟"滴答"一声是一秒，而海关大钟每"嘀嗒"一声是两秒。因为这一秒之差，钟摆发条的磨损大大减少，大钟的寿命得以延长，这也体现了设计者的独特匠心。

　　海关大钟的钟面用100多块菱形图案的乳白色钢化玻璃拼成，直径达5.4米。钟面上分针长3.17米，重49公斤，时针长2.3米，重37.5公斤，都是由紫铜铸就。大钟是没有秒针的。

　　我们一同参观的朋友中，有一位老师说普通话，魏师傅很体贴，一直坚持用普通话介绍，即使我们用上海话问问题，他也用普通话回答。直到各自分头参观时，魏师傅才和我用上海话交流。其实我知道一些魏师傅的来历，他原来在南京西路大光明电影院对面的老花园饭店（后改为肯德基）做厨师，80年代考进海关，1991年开始和大钟作伴，一伴就是28年。魏云寺近两年在媒体亮相颇多，他父亲去世时还牵挂着大钟，28年里只因为参加优秀员工疗休离开过一次，还把自己的师父请来顶班。和媒体上宣传的魏师傅相比，近观魏云寺，他更像是一个普通的"五零后"上海爷叔，不改上海人精明强干的本色，话不多但句句到位。没有太多煽情的语言，却把大钟的历史说得清楚明白。

海关钟楼从1928年1月1日起就一直为上海准确报时，原来的报时曲是英国皇家名曲《威斯敏斯特》。1966年，《威斯敏斯特》乐曲改为《东方红》，钟锤钟铃停止使用，改为电子打点和奏乐，乐曲由扩音器向全市播放。1986年英国女王伊丽沙白二世访问上海，海关钟楼恢复原状，电子打点改回机械打点，人们熟悉的《威斯敏斯特》乐曲又在黄浦江畔响起。1997年6月30日零时起，海关大钟停奏报时《威斯敏斯特》乐曲，大钟照常机械运转，钟声仍准点响起，但无乐曲伴奏。2003年5月1日起海关大钟恢复播放《东方红》报时音乐。

参观当天上海风雨如晦，魏师傅体贴地问我们是否有兴趣到旗杆底部看看，在那里，可以看到不一样的风景。既来之则看之，我们冒着风雨爬了上去。魏师傅告诉我们：海关钟楼顶部的旗杆，位置是北纬31°14'，东经121°29'，是20世纪20年代上海地理位置标志点，后来才改到国际饭店。

风雨渐渐打湿了我们的头发，乌黑的云系从浦东卷过来，雨水在外滩灯光的照耀下，像一道道银色的音符。魏师傅说，当年的浦东还没有高楼，每天早上这里看到的日出是最美的，一点一点，东方泛起鱼肚白……

匆匆告别魏师傅，我们一头走进上海的风雨夜，回头再看这座90多年的老建筑，回想它的历史，感慨良多。曾经，一个国家的海关需要由外国人来管理，而这却是清政府最廉洁高效的机构。后来

从海关大楼眺望浦东

它回到祖国的怀抱,又经历了许多的曲折。如果说有什么不变的,是始终有像魏云寺这样本分、尽责、内敛、勤劳的上海人,在这座大楼默默工作,几十年、一辈子,守着这座钟、这幢楼、这座城。

兴安路：作为淮海中路"夹里"的小历史和小生活

很多人用"华美"这个词形容淮海中路，听上去是在说一件锦袍。张爱玲说："生命是一袭华美的袍，里面爬满了虱子"，那是属于她的见解，当然和淮海中路无关。如果把淮海中路比喻成一件锦袍，那么雍容华贵的原"霞飞路"是面子，南昌路、淡水路、马当路、长乐路、自忠路等，是衬里，上海话叫"夹里"。正是这些"夹里"马路的品位，造就了淮海中路的华美。其中有一条人们常常忽视的小马路——兴安路，就有很多故事好讲。

兴安路位于淮海中路以南，东起嵩山路，西抵雁荡路，总共只有五六百米，老上海人说起来，"一站路"。一条南北高架将兴安路一分为二，从兴安路西头走到东头，需要穿越人行天桥。兴安路筑于1902年，论年齿只比淮海中路小一岁。它最初的名字是"汉江路"（Rue Han Kiang），1907年以法租界公董局总董的名字更名为

"麦赛尔蒂罗路"（Rue Marcel Tillot），1946年更名为兴安路。或许有人认为"兴安"之得名和大小兴安岭有关，其实不然，兴安是广西的一个小县城，现属于桂林市管辖。淮海中路周边的小马路有很多以小县城命名，如桃源路、普安路、龙门路、柳林路等，兴安路也不例外。

20世纪90年代之前的兴安路，两边是密密麻麻的居民区，东段有瑞康里、宝康里等石库门，中段有祥茂新村、三德坊、四明里等新式里弄。配合淮海中路商圈的发展，南北高架以东的兴安路已经很难寻觅当年的景象。而高架以西，还有大约一百米的兴安路，依然有生机勃勃的市井气象。

说这一段兴安路是淮海中路的"夹里"，一点都不为过。因为路北全是妇女用品商店的后门，而路南则开满了各色小店，水果店、餐厅、咖啡馆……弄堂深深深几许，还居住过不少名人。

兴安路141弄鸿安坊和重庆南路相通，40年代这条弄堂以居住众多医生著名。粗粗数一数，6号的沈伟昶、11号的夏仲方、12号的张万超，还有16号的潮州和济医院，当然最著名的，要数4号里的山东名医魏指薪。

当代中医伤科名医魏指薪（1896—1984）是山东曹县人，1925年山东遭遇自然灾害，29岁的魏指薪只身来到上海，除一袭长衫和笔墨纸砚外，所有的只有自己一套祖传的伤科医术。最初，他在南市关帝庙（位于今复兴东路）空地前摆摊教人打拳，后在南市方浜路吉祥里挂牌行医，因医术高超逐渐有了市场。1937年全面抗战爆发，他搬入租界，住进了鸿安坊，开设私人诊所之外，还在育才中学教授武术维持生计。他在重庆南路办的诊所，女儿女婿一家五口一齐应诊，一时传为美谈。魏指薪后担任上海第二医学院（今上海交通大学医学院）中医骨伤科教授、瑞金医院伤科主任等，老卢湾境内看过"魏氏伤科"的人，不在少数。

除了诊所，这一段兴安路的另一大特色是"吃"。很多卢湾的老人喜欢南昌路雁荡路口的老店"洁而精川菜馆"，这家店原来就开在兴安路上，门牌号是133号。1927年洁而精刚开办时，经营云南风味，有传说老板是蔡锷将军的红颜知己小凤仙。到1937年，老洁而精生意惨淡，新老板转营川帮菜肴和扬州点心，一举成功，尤其在文艺界人士中享有盛誉。周恩来总理喜欢干煸牛肉丝，电影明星赵丹的心水是青豆泥，书画家吴湖帆的最爱是麻婆豆腐，画家刘海粟喜欢洁而精的生爆鳝背，曾挥笔题字："其味无穷"。洁而精1958年搬到科学会堂，如今133号的门牌还在，画家贺友直先生曾有一幅《顶早的洁而精》，可以让人想象其当年的盛况。

雁荡路上还有一家大名鼎鼎的面馆"味香斋"，和兴安路也有莫大的关系。40年代，一位名叫解豫凡的年轻人在兴安路171号开了西冷点心和客饭的老店，因生意红火，又在雁荡路开设西冷咖啡冷饮店，这家经营咖啡冷饮的新店在新中国成立后更名味香斋，从经营咖啡冷饮改为以麻酱拌面小牛汤为特色。兴安路上的西冷老店在上海解放后是新光图片摄影社的暗房。民国时代曾有"华龙路上二西冷"（雁荡路原名华龙路）的说法，兴安路是味香斋的起源地。

如今这一段兴安路，延续了当年"吃"的传统，在沿街的百年老门面里开出很多新店。我喜欢的一家小餐厅，主打本帮特色，大众化消费，引来众多食客追捧。老板曾学过日本料理，从中得到灵感，研制出牛肉草头、咸蛋黄排条等颇具创意的菜品，如今这些菜已经成为上海菜中的新经典。餐厅20多年还是原来的模样，菜单是塑封打印的，浓浓的90年代风。如果你是熟客，他们会默默记住，当你在移动平台下单时，账单上"门店老客户"五个字，已经足够让人感到温馨，下一次点单时，第一个想到的，当然就是他们了。

兴安路上还有一家很具特色的凉茶店。喝惯了罐头凉茶的朋友如果来这里寻味，可能要有一点小小的心理准备，因为其招牌蒲公英、鱼腥草等，味道类似中药，属于"苦凉茶"，是具有一定药效的。除了苦茶，这里还有龟苓膏、芝麻糊、茅根竹蔗水、陈皮红豆沙等广东糖水。有苦也有甜，或者苦尽甘来，像极了我们的生活。

一代又一代来自五湖四海的上海人在这里生活，来来往往，熙熙攘攘。淮海中路繁花似锦，背后的"夹里"温暖贴肉。一百来米短短的兴安路，有一百二十年长长的历史，谁又能说它只是条"小"马路呢。

短短龙门路，长长大历史

和淮海中路相交的，有很多看似不起眼的小马路。如果把繁华的淮海中路比作城市的动脉，这些小马路就像毛细血管，小归小，但要是供血不足，人体难免手脚冰冷，也就谈不到健康。和淮海中路相交的龙门路辟筑于1865年，其历史比淮海中路悠久得多，在这里发生过的故事自然也不会少，由龙门路的今昔变幻，也折射出城市更新的沧海桑田。

如今的龙门路，南起淮海中路，北到金陵中路，总长不到一百米，马路两侧分别为上海广场和金钟广场，沿街有商家在露天开设的咖啡座。开往虹桥路的42路公交车起点站设在路西，龙门路的景观似乎就这些了。但在历史上，龙门路北起武胜路，南到桃源路，是一条跨黄浦和卢湾（2011年并入黄浦区）两区、551米长的大马路。

谈起龙门路，人们可能会联想到"鲤鱼跳龙门"的传说，其实龙门路得名，和传说关系不大。上海开埠时，龙门路一带曾是潮州坟山的一部分。1863年法租界公董局购地建造八仙桥墓地（旧址相当于今淮海公园），在墓地附近建造马路，法语名字叫Rue Du Cimetière，直译为"公墓路"，正式的中文名字是"坟山路"。1898年，金陵中路以南的坟山路改名"麦高包禄路"，法语名为Rue Marco Polo。望文生义，或许有人认为这个"Marco Polo"是为了纪念写下《马可·波罗游记》的威尼斯旅行家马可·波罗。但"麦高包禄"和"马可·波罗"只是有一点名字上的关系，"麦高包禄"四个字的背后，是一段因为坟墓而引发的中外冲突。

现位于淮海东路的四明公所旧址，清代是旅沪宁波籍人士的会馆和公坟，创建于1797年，上海开埠后被划入租界，和法租界公董局产生矛盾。1898年法国总领事白藻泰命令水兵和巡捕占领四明公所并拆除围墙。冲突中法国人打死宁波同胞17人、打伤20多人。血案引发全体旅沪宁波人停工罢市抗议，最终四明公所的地产大体得以保留，只让出一小部分开辟宁波路（今淮海东路）。参与这次血案的法国水兵来自停泊在黄浦江上的"麦高包禄号"，法租界当局用这个名字给马路命名，因此现在的龙门路曾有"麦高包禄"的老路名。1943年租界收回后，"麦高包禄路"更名为定安路，1945年更名为龙门路。

原位于龙门路金陵中路口西北角的金陵路菜场，始建于19世纪70年代，最早的名字是华洋菜场，上海人亲切地称其为"八仙桥菜场"，当年可说是赫赫有名。法租界的八仙桥菜场和公共租界的三角地菜场是旧上海一南一北两个最大的室内菜场。八仙桥菜场有气派的三层楼，名字本身已经透露了它融合中外的基因密码。每天清晨，法租界住宅区的保姆娘姨、公共租界和华界的家庭主妇，甚至西区的侨民妇女都会赶着晨曦来到这里挑选心仪的果蔬食品。菜场在永善路（今已消失）、金陵中路、龙门路均有进出口。物资匮乏的年代，逢年过节，人们从上海各个角落赶到八仙桥菜场采购年货，是当年八仙桥地区的一道独特风景。

当年八仙桥菜场的大致位置，如今是上海音乐厅所在地。上海音乐厅前身为南京大戏院，由何挺然等于1929年向潮州同乡会租界公馆坟地建造，1930年建成营业，首映歌舞对白有声电影《百老汇》，冥冥中注定了这家戏院和音乐的关系。1950年南京大戏院更名为"北京电影院"，是上海第一家公私合营电影院。1959年为庆祝新中国成立十周年，影院进行大规模整修，改名为上海音乐厅。

八仙桥菜场的大致位置是今天上海音乐厅所在地

从1960年起，历届"上海之春"音乐会均在上海音乐厅举办，众多闻名中外的音乐家、歌唱家在此演出或举办音乐会。上海音乐厅建筑由中国近代建筑大师范文照、赵琛先生设计，是上海现存最老的由华人建筑师设计的欧洲古典主义风格音乐建筑。观众厅中地板极为考究，所谓"视之则坚，踏之则软"，设计极为精当，音响效果不亚于欧美任何一家音乐厅。走进休息大厅，映入眼帘的是16根合抱的赭色大理石圆柱，更是气度非凡。

2003年，为配合延安路高架工程，上海音乐厅原地顶升1.7米后，沿着龙门路向南移动66.46米，再在新址顶升1.68米，在金陵中路的新址以崭新的面貌展示在世人面前。每年秋天，上海音乐厅广场金黄的银杏叶伴随着美妙的音乐，是沪上爱乐人最喜欢的季节。

龙门路淮海中路口，原有一幢西欧古典式建筑：嵩山电影院。它的前身为1921年西班牙电影商人雷玛斯开设的恩派亚大戏院，所以其建筑有强烈的西班牙式风格。抗战期间恩派亚大戏院成为难民收容所，这里曾有一支由上海沪东临青中学学生组成的"孩子剧团"，宣传抗日救国。剧团共有团员20多人，团员年龄最大的16岁，最小的只有9岁。孩子剧团从恩派亚收容所出发，辗转内地5年，行程16 000余公里，足迹遍布苏、皖、豫、鄂、湘、桂、黔、川等10个省市的58个县市，共演出300多场次，观众累计达45万人次。这一壮举，世所罕见，是我国抗战文学史中光辉的一页。嵩山电影院于90年代被拆除，原址现为大上海时代广场。

龙门路两侧曾有很多住宅，其中最著名的当然是原来门牌号为龙门路145弄的钧培里，这里住过一位上海滩上的风云人物：黄金荣。钧培里建于1916年，距离黄金荣创办的黄金大戏院（后更名大众剧场）很近。黄金荣在上海纵横捭阖数十年，置办过不少物业，但他对钧培里的住宅始终情有独钟，波诡云谲的岁月，他都是在龙门路钧培里的"黄公馆"度过的。1953年6月20日，86岁的黄金荣生命垂危，钧培里的周边医药机构不少，龙门路153号有永川医院，龙门路147—151号有国泰药房，但药石对黄金荣已经无效了，当天他在钧培里去世，22日入殓，黄公馆摆了九桌酒水，结果只有门生17人上门，一代枭雄寂寞落幕。钧培里黄公馆此后曾作过龙门路地段医院，后来也拆除了。

从坟山路、麦高包禄路到如今的龙门路，上海一百多年的历史，似乎在这条小路上得到浓缩。或许有人为龙门路历史建筑的消失而感到遗憾，但在隔壁的柳林路，有一家创办于1908年的龙门路邮政支局，依然延续着龙门路的历史底蕴。作为距离一大会址最近

钧培里旧影

龙门路邮政支局

的邮局，2021年7月23日，龙门路邮政支局和中共一大会址纪念馆共同创建的"中国共产党诞生地主题邮局"正式开业，远道而来寻访初心之地的人们，纷纷来到龙门路邮局，寄上一封盖有纪念邮戳的纪念封，通过邮路把荣光和使命带回家。

百年龙门路，翻开了新的一页。

淮海路这个街角的前生再前生

5.5公里长的淮海中路，几乎每个街区都是经典，都有说不完的故事。要说到独特，淮海中路成都南路这个三岔路口绝对有讲头。

三岔路口的西南角自不必说，渔阳里在中国近现代史上的地位不言而喻。西北角原为大众服装商店，后来变身网红店，排队的人流说明了一切。东北角有老上海人津津乐道的蓬莱药房、南华酒家、淮海电影院（解放前的巴黎大戏院）、野荸荠食品店等。相比之下，东南角似乎沉寂一点，记得曾经有一排广告牌，到20世纪90年代，耸立起一座华亭伊势丹，一时成为上海的时尚地标。

如今华亭伊势丹已经成为过去，一座富有当代艺术特色的新商业体"TX淮海"吸引了上海年轻人的目光。当来自五湖四海的潮流人士在充满艺术气息的空间徜徉时，他们也许不会想到，淮海中路的这个街角曾经是中学的校舍，而且不止一座学校曾在此落户，这里凝聚了一段中国教育家的梦想。故事，要从一所名叫"青年中学"

的学校说起。

如今坐落在四川中路595—607号的同济黄浦设计创意中学，前身是浦光中学，上海解放前名为青年会中学，历史可以追溯到1905年。虽然是一所基督教青年会办的学校，但教师与学生中，不乏抱有拳拳爱国之心的中国年轻人，其中有一位老师陈锡华，就有着创办中国人自己学校的梦想。

陈锡华祖籍浙江鄞县（今属宁波），早年毕业于圣约翰大学，他来到青年会中学执教，也是因为那里有很多圣约翰大学的校友。20世纪20年代，风起云涌的大时代，陈锡华受到"五四运动"新思潮和蔡元培先生"教育救国"理论的影响，在青年会中学的环境中苦苦思索中国教育的未来。作为圣约翰大学的毕业生，如果他愿意追求舒适的工作环境和优厚的薪水待遇，机会是很多的，但他把自己的目标放在了教育上。

1927年，革命风潮席卷全国，上海更是全国革命的中心。青年会中学的教师和学生中也萌动着进步思潮。青年会学校当局迫于内外压力，开除了受进步思想影响的两个班级学生和十多名圣约翰大学毕业的老师，陈锡华即在其中。在教会学校传播进步思想显然困难重重，未来的路在哪里？陈锡华想到了自主办学。

从1927年5月开始，陈锡华和他的同伴们办起了一所由青年教师和青年学生自主创办的学校——青年中学。从无到有，学校最早开在同孚路（今石门一路）11号的洋房里，后搬到白克路大通路（今凤阳路大田路），漂泊了两年后，终于在1929年搬到法租界霞飞路323号。从1929年2月到1949年8月，青年中学存在了整整二十年半。

很多青年中学的老校友在回忆文章中写到他们尊敬的陈锡华校长，一个倡导"民主、科学、爱国"的教育家，一身正气。陈锡华

淮海中路旧影

创办的青年中学是一所寄宿制的男校,除了传统的国文和数理化以外,还有外语、历史、地理、音乐、美术等课程。陈锡华的理念是培养全面的毕业生,心智健全、体格强劲的新一代国人。青年中学也被称为"中国人办的洋学堂",比如青年中学的音乐课就由德籍犹太人弗兰克·梅叶任教,学校培养了一位中国流行音乐史上划时代的人物:陈歌辛。

然而,陈锡华壮志未酬,当他踌躇满志地编织自己教育救国的梦想时,风云变幻的年代让他不得不忍痛告别霞飞路成都南路口这座亲手创办的新学校。属于陈锡华的青年中学只有短短的八年。1935年,国民党当局对有进步倾向的学校进行强行改组,包括陈锡华校长在内,十几位一同创业的老师和当年在青年会中学一样,被无故解聘。

当陈锡华的办学理念遭遇挫折时,黄炎培、江问渔和孙起孟也在苦苦思索国民教育的难题,他们找到的切入口是:职业教育。早在1917年,黄炎培就创办了中华职业教育社,1930年搬到华龙路环龙路口(今雁荡路南昌路口)。1946年8月,黄炎培等人创办比乐中学,从1949年到1958年,比乐中学在淮海中路553号(原霞飞路323号)存在了八年。比乐中学创办的初衷是要在初中阶段就对学生进行职业指导,使他们受过职业指导以后可以按着指导升入分科的高中,达到"升学准备和职业训练同时兼顾的目的"。

上海解放后,青年中学的创始人陈锡华曾来到淮海中路,看看他当年创办的学校,和自己聘用的老校工聊天,据说"相谈甚欢"。当时学校已经成为比乐中学,校长是杨善继。他们有没有见过面?如果见了面,他们会谈什么?这些问题,早就不得而知。但陈锡华和杨善继想必是心灵相通的,他们爱国、爱校、爱年轻人的心,是一致的。在那次"返校"后不久,陈锡华因脑溢血猝然离世,年仅56岁。

时光荏苒,陈锡华和他的青年中学已经成为历史。杨善继工作了几十年的比乐中学搬到斜桥,仍在延续着创办时的办学理念。而淮海中路成都南路口的西南角,已经沧海桑田。如果说有什么是不变的,那就是来来往往的,还大多是年轻人。

在5.5公里长、几乎每个街区都有说不完故事的淮海中路,这个曾经凝聚了一代教育家梦想的街角,始终是独特的,因为它总是和朝气与潮流相伴。

茂名南路法国总会和淮海运动场

上海话有时候蛮奇妙的，轻微的发音区别，就能分辨这个人是不是老上海。举个例子：以延安中路为界，茂名路分南北。茂名北路当年属原公共租界，老名字叫慕尔鸣路（Moulmein Road）；茂名南路原来是属法租界的，名为迈尔西爱路（Route Cardinal Mercier）。收回租界时重新起名字，是动过些脑筋的，"茂名"两个字的发音，和"慕尔鸣""迈尔西爱"多少有些相近。但说起这个"茂"字就有意思了，老派上海话的"茂"是读成"móu"的："某名路"，听上去像牛叫。如果把这条路读成"毛名路"，这种上海话就有点"洋泾浜"了。

清光绪二十九年（1903年），如今的淮海中路茂名南路一带还是一派乡村风光。德国人冯·都林和莱墨斯等人发起，在沪德国侨民集资购买了33亩土地，由德国著名建筑师倍高设计，建成德国乡村俱乐部。这里有楼房、小桥流水和花木园地，也有网球场、滚球场、槌球场等体育设施。清宣统二年（1910年），德国乡村俱乐部建起上海第一个室外溜冰场。加入德国乡村俱乐部的并不一定都是德国人，只要会说德语、愿意进入在沪德侨的圈子，他们并不在意族裔和国籍。但如果据此认为人人可以加入，也是不现实的。想要加入，必须通过全体会员的投票，一本名为《上海与第三帝国的政治》的书中描述了投票的场景："会员们根据自己对申请者社会经济地位的判定，投放白色或黑色小球，决定是否同意其为会员，只要有一个黑球，申请者就被拒绝了。"可见，族裔和国籍固然可以忽略不计，但财富、地位、人缘，缺一不可，投票的时候是"一票否决"，门槛极高。

第一次世界大战因德国战败，法租界公董局将德国乡村俱乐部以"敌产"名义没收，更名为"霞飞路公共花园"。经过改造的法国总会2.0版是一座法国宫廷巴洛克式建筑，由赉安洋行设计、姚记营造厂承建。《上海——冒险家的乐园》一书中这样描述它："金碧辉煌的大厅里包裹着一种氤氲之气，灯光照射在一缕缕的烟气上，幻为奇彩，真比锦霞还好看……"法国总会的内部除了舞厅，还有英式和法式的弹子房、击剑室，室外建有大草坪和网球场。在喜欢体育这方面，法国人和德国人是一样的。

抗战时期日军以"战时征用"名义接收法国总会，时为1942年。三年后日军战败，法国人重新收回，一度作为美军俱乐部。又过了四年，新中国成立，法国总会收归人民政府，改为"文化俱乐部"。1952年，上海市人民政府将此处改为"淮海运动场"，1954年改为"市文化俱乐部"，1960年划为锦江饭店所有，又成为"锦江俱乐部"。

中国男篮前国手、曾担任中国女篮主教练的张大维1946年出生于上海的一个篮球世家，他小时候的梦想是当一名音乐家，但因为

法国总会旧影之一

法国总会旧影之二

茂名南路法国总会和淮海运动场

个子长得高,就读于南洋模范中学的他从小跟随父亲张显崙看球、打球,最终成为一名篮球国手。张大维耳濡目染,在淮海运动场看了很多比赛,看得最多的不是篮球或网球,而是棒球。他记得当年第一医学院(后更名上海医学院,现复旦大学医学院)和第二医学院(现上海交通大学医学院)之间的比赛,总是在这里举行,总能吸引最多的观众。

也是在50年代,圣约翰大学经济系毕业的吴诗鉴走马上任,担任卢湾区少体校(卢湾区第一少年儿童业余体育学校)的第一任校长。他把学校放在了原来的法国总会、当时的淮海运动场。吴诗鉴就读的圣约翰大学有深厚的篮球传统,1923、1925和1927年的三届远东运动会,中国队队员均以圣约翰大学为主组成。圣约翰大学和交通大学之间的比赛每次都引起轰动。圣约翰大学于1947年、1948年两度战胜交通大学获得上海市大专院校篮球联赛冠军,吴诗鉴和队友王为公、庄逸凯、孙摩西等,都是名噪一时的学生球星。

卢湾少体校是1959年正式成立的,吴诗鉴除担任校长,还兼任上海市体育馆(后更名卢湾体育馆)馆长。吴诗鉴懂篮球,也懂得如何用人。40年代菲律宾"群声"篮球队访华,该队的华侨球星蔡连科留在了上海。他和吴诗鉴成为莫逆之交,共同推动了上海篮球事业的发展。上海球迷熟悉的李秋平、刘炜等都出自卢湾,这和卢湾优秀的篮球传统是分不开的。蔡连科在60年代担任卢湾少体校篮球总教练,又曾担任过副校长。中国男篮教练钱澄海,中国女篮教练杨家训,以及先后担任上海男女篮教练的陈银宝、张鸿达、沙凤翱、沈忻、钱文德等都是他的高足。

虽然卢湾少体校只在淮海运动场训练了两年,但这两年的时间筚路蓝缕,学校从无到有慢慢壮大,其间凝聚了无数人的心血。卢湾少体校多年的历史中，培养了庄泳、乐靖宜等奥运冠军，乒乓球冠军陆元盛、羽毛球冠军张爱玲、体操冠军朱政、航模冠军周建明等众多世界冠军，以及棋王胡荣华、跳水名将王天凌、赛艇领军人物李建新，等等。名师高徒，代代相传。但谈到卢湾少体校的历史，人们还是会想起淮海运动场，想起篮球明星出身、却有一条腿走路有点拐的老校长吴诗鉴。

80年代，原来的法国总会、淮海运动场，当时的锦江俱乐部，改造成新的宾馆"花园饭店"。经过五年施工，花园饭店于1990年正式开业。当年的运动场、网球场、棒球场、草地，有的成为花园饭店的庭院，有的成为街景。1996年，在这个街角悄然树立起一座雕塑，她是一位亭亭玉立的少女，短发短裙，左手撑腰右手打电话。这是上海雕塑家何勇的作品《都市中人》，但人们都亲切地称呼她

雕塑《都市中人》人称"淮海路的女儿"

茂名南路法国总会和淮海运动场

"打电话的少女",走过的路人都要向其注目,也有人称她为"淮海路的女儿"。

但"淮海路的女儿"命运多舛,经历了推倒、失窃,雕塑已无法复原。2006年,何勇用镍白铜重新制作了这尊雕塑,"淮海路的女儿"重返故地。归去来兮四五次,如今她伫立在当年淮海运动场的转角处,一手撑腰一手拿着电话,她在给谁打电话,又想说些什么呢?她会说上海话吗?说到脚下的这条"茂名南路",她的发音是像牛叫的"某名南路",还是洋泾浜的"毛名南路"呢?

在福州路和宝山里寻找开明书店旧址

闲来读书，每每感叹于当下图书在文字上已不太考究，错别字等等自不待言，有些书文笔不通，读得吃力。有朋友认为我们的基础教育出了问题，并以引起轩然大波的"毒教材"事件作为例证。如果刚刚发蒙的小学生拿到的课本都有问题，那又怎么要求他们长大后能写出高质量的文字呢？由此我想到前几年买过一套民国时代的语文课本，由开明书店出版发行，叶圣陶编文字、丰子恺绘插图。虽然只是小学课本，但其中蕴含的传统文化内涵，恐怕是如今的课本难以企及的。

想起开明书店，缘于2023年春节前在福州路靠近河南中路西侧，偶然看到一块黄浦区文旅局挂的"黄浦区文物保护点"的牌子：开明书店旧址，地址是福州路268号和福州路272弄3号。这一段福州路的房子大多已被征收了，街上几乎没有行人和车辆。如果我没有记错，这里曾有一家名为"博印堂"的书画文具商店，规模

福州路开明书店旧址　　　　　　　福州路开明书店旧影

较大,我在那里买过毛笔和宣纸。弄堂两边还有一些个体书画文具小店,门口摆放着廉价的折扇和笔记本。大名鼎鼎的开明书店旧址竟然坐落于此?看黄浦区文旅局的牌子是2017年挂的,或许挂得低调,也就没有留意。

开明书店于1926年8月成立,创办人章锡琛是浙江绍兴人,早在民国元年就开始从事出版事业。那一年,30多岁的章锡琛在商务印书馆担任《妇女杂志》的主编,因受五四运动的影响,他在自己编辑的杂志上大谈新的性道德,并开办《新女性》杂志,被商务印书馆解职。于是他另起炉灶,在宝山路宝山里60号自己家里办起了一家独立的书店,起名"开明",这个名字由孙伏园所起,意为"开宗明义",店标则由丰子恺设计。由"开明"二字可以看出章锡琛的志向,他要办的是开通、明智、有思想、有态度的书店。因为本小利薄，在民国时代激烈的出版业竞争中，开明书店一开始并没有什么优势，仅靠"开明"的态度是难以在商业上立足的。章锡琛和夏丏尊、叶圣陶等商量，找到了"以青少年学生读物为出版重点"的方针，把目光投向青少年，他们花大力气编写各类课本，编著者多为学贯中西的名家、大家，自然广受欢迎，闯出了一条自己的路。

章锡琛的志向当然不止在基础教育，开明书店也是传播新思想、新文化、新学术的重镇。我看到一份材料的统计，从1926年到1952年，开明书店共出版图书1 500种左右，其中文学书籍359种，约占出版社书籍出版量的24%，其中巴金出版作品以18种居首，茅盾15种次之。人们熟知的巴金的《家》《春》《秋》，茅盾的《子夜》《春蚕》，沈从文的《边城》《湘行散记》等，都是开明书店出版的。开明书店何以如此青睐巴金？巴金晚年这样回忆："我与他们并无特殊的关系，也没有向书店老板或者任何部门的负责人送过礼，但这也可以说我和书店有一种普通关系，譬如，淡淡的友情吧。"

章锡琛是目光如炬的出版家，也是审时度势的企业家。1949年上海解放，章锡琛经过认真研究，在解放之初就认识到"新闻出版事业是国家宣传和教育的重要工具，不能像别种工商业那样，在新民主主义社会里长时期掌握在私商的手中……开明也不能例外"。1950年2月16日，开明书店董事会正式向出版总署报送《开明书店请求与国家合营呈文》，是原国统区出版机构中第一个正式向政府申请公私合营的，那一年章锡琛61岁。1953年4月开明书店并入中国青年出版社，一段历史宣告终结，到今年正好70年。章锡琛本人先后在古籍出版社和中华书局担任副总编辑。

1969年，章锡琛的外孙女宋小逸去延安下乡，章锡琛赠其《沁

园春》一阕,嘱咐孩子拜农为师、安心陇亩,词是这么写的:

> 毁裂钗裙,抛掷胭脂,不作女儿。愿离城辞校,心香一片,投身下拜,农圃为师。肩负轻装,手擎宝册,勇赴田间志不移。从今后,誓安心陇亩,长伴耕机。
> 前途无限光辉,向海阔天空任远飞。望谦虚谨慎,戒骄戒躁,勤劳克苦,去怠去私。锦绣河山,红旗招展,知识青年大可为!吾何恨,有尔曹奋起,为国献躯。

不久以后,章锡琛留在家中的两个孙辈也相继下乡。1969年6月初,章锡琛想念浙江老家的海鲜口味,吃了些蛤蜊,生了肠胃炎并引发胆囊炎,住院数日后于当月6日去世,此时距离他八十整寿仅剩两个多月。对章锡琛的死,有些材料用了这样四个字:"含冤逝世"。

离开福州路,忽然想起1926年章锡琛创办开明书店是在宝山路的宝山里,凑巧几天以后,我因办事路过宝山路,特地去了宝山里。说起来,宝山里在我童年记忆中还是有印象的,记得当年坐18路公交车,到鸿兴路站时,车就停在宝山里门口。宝山里的2号,有"五卅"运动初期上海总工会的遗址,早在1980年就被上海市人民政府公布为上海市级纪念地。章锡琛的家当时在宝山里60号,于是我到宝山里看了看,希望能找到一点历史的遗迹。

宝山里的第一代石库门建于20年代,1932年,宝山里和附近的商务印书馆、东方图书馆等建筑共同毁于"一·二八"淞沪战役中日机的轰炸。如今看到的石库门建筑是在原址另建的楼房,和原来的面貌已有相当变化。

见弄堂大门没有锁，我推门而进，想看一看这条饱经沧桑的百年老弄堂。虽然我很想看看总工会旧址，也想知道开明书店创办地、章锡琛先生的家大概在什么方位，还有邓中夏、李立三、郑振铎、周建人等究竟住在哪幢房子里。但弄堂已经征收，不容多做停留。走吧走吧，希望将来回到这里，能看到这里得到修缮保护。

杨浦卡拉奇路的邬达克作品

上海城市发展日新月异,相对来说杨浦要慢一点,老工业基地的产业转型不是那么容易。靠近滨江一带的杨浦南区,曾是公共租界规划的工业区,从老的路名就看得出工部局城市规划者对这片区域的期望。

上海公共租界是以中国地名来命名道路的,大致规律为横向的路名采用的是城市名,纵向的路名用的是省名。到杨浦一带,出现了不少外国地名,且多是亚洲地区的。从这些老的路名还可以看出亚洲城市的变化。试举几例:平凉路分两段,杨树浦港以西原名巴特维亚路(Batavia Road),路名来自现在印尼首都雅加达的旧称巴达维亚;杨树浦港以东叫麦特拉司路(Madras Road),路名来自印度的马德拉斯,现在改名金奈(Chennai)了。杭州路称作加尔各答路(Calcutta Road),现在加尔各答的英语名称已改为Kolkata。丹阳路原名西贡路(Saigon Road),定海路则叫山达刚路(Sandakan

Road）。有朋友问山达刚是哪里？就是马来西亚的山打根。当年田中绢代和栗原小卷主演的日本电影《望乡》在中国公映引起轰动，《望乡》的小说原著是山崎朋子的《山打根八番娼馆》，翻译成中文就是《山打根八号妓院》。

　　杨浦有条卡拉奇路，老的中文名字叫客拉契路（Karachi Road），路名来自巴基斯坦的卡拉奇，当时印巴尚未分治，卡拉奇还属于印度。现在此路的名字是眉州路。眉州路不长，南到杨树浦路北到长阳路，总共只有1 500多米，乘公交车三站路。"客拉契路"这个名字存在的时间并不长，1911年开始规划，到1915年就用中国四川省苏东坡的老家眉州命名了。眉州路上大多是工厂和学校，住房多是旧式里弄和简屋，近年来造了一些商品房，还是很安静的。但就在这条安静的小路上，有一幢几乎是仅有的历史建筑，来头非常大：邬达克设计的圣心女子职业学校旧址。

　　近年来邬达克、赍安等民国时代外籍建筑师的作品成为沪上文艺青年追逐的对象，只要打上他们的名字，很容易变成时尚图腾。但位于眉州路沈阳路的这幢建筑，似乎还没有受到太多的打扰。我来这里采风是一个秋日的下午，午后的斜阳照在老工业区的街道上，拉出长长的倒影，很远就能看到它的身姿。建筑挂的是长城饭店的牌子，在眉州路沈阳路口和东侧的渭南路上有两个出入口。

　　沈阳路，原名朝阳路，因上海话发音与普陀区的曹杨路相似，1952年改名沈阳路。以"沈阳"为名颇有深意，筑路前此处原名"沈家巷"。

　　眉州路沈阳路的这幢建筑是邬达克1936年的作品，原名朝阳路圣心女子职业学校。我在看了相关介绍后得知，建筑原来只有四层，现在改成六层。邬达克设计的颜色红白相间，红色比较浅，现在涂

圣心女子职业学校旧址（2018年摄）

成了全红。原来是女子职业学校，现在则是宾馆和月子中心。我想大概除了建筑的骨架还属于邬达克，其他一切都变了，看不出什么邬达克的痕迹。即使是原来的建筑，也是比较简单朴实的，不像邬达克设计的国际饭店、息焉堂等，有精美的建筑构件。因为请邬达克给这座楼做设计的，是上海著名的实业家、慈善家和天主教会人士陆伯鸿，这座建筑是教会用于慈善事业的，想来不可能很铺张。

陆伯鸿出生于上海南市董家渡附近的天主教家庭，是上海的华商领袖，也是天主教会的领袖人物。他的人生精彩纷呈，三言两语很难说清。这里选几个耳熟能详的点，作为交代。世博会期间的标志性建筑大时钟，是原来南市发电厂的烟囱。南市发电厂，便是陆伯鸿开的。上海华界第一部有轨电车，即今11路电车的前身，是陆伯鸿造的。上海人熟知的上钢三厂,原来是陆伯鸿创办的和兴钢铁厂。这位大企业家最看重的是慈善。他在上海建造了很多医院,创办了七所慈善场所,其中最著名的是位于国货路普育西路的"新普育堂",还有当年东亚地区规模最大、设备最完善的精神科专科医院之一,位于今闵行区北桥的上海普慈疗养院(上海市精神卫生中心分院)。陆伯鸿在杨浦创办圣心女子职业学校,也是出自慈善的目的。但学校建成时已经是1936年,时势不允许这所学校生存发展下去。

1937年抗战全面爆发,陆伯鸿的企业遭到严重破坏。他将自己的一艘客轮自沉于江阴附近的长江中,以阻止日军西进,家也搬到了法租界。当年12月30日,62岁的陆伯鸿从法租界吕班路(今重庆南路)寓所出发前往新普育堂办事时,弄堂口两个卖橘子的小贩突然拔枪就打,陆伯鸿就此殒命。刺客究竟来自何方至今莫衷一是,一般认为是国民党军统"锄奸队"所为,但并未得到证实。至于他是否真的投敌,也成了无头公案,至今众说纷纭。

不知圣心女子职业学校培养出多少学生,她们又去了哪里。战争岁月里,学校的房子成为伤兵医院,后来的日子里,又成为宾馆、月子中心……陆伯鸿和他想要培养职业女性的梦想,都成为了历史。

只有这座他投资请邬达克设计的建筑,或许在众多邬达克建筑中,显得那样简陋,并不十分起眼,几经改造后,很多建筑元素都已经改变了。但老建筑的风骨依然存在,似乎在向匆匆走过的行人诉说着些什么……

杨浦图书馆老楼的建筑与人

2018年国庆期间,杨浦图书馆新馆正式修缮完成对外试开放。说是"新馆",亮点却是1936年建造的老楼,即原国民政府"大上海计划"中主要建筑之一的上海市立图书馆旧址。该楼"修旧如旧"好几年,始终蒙着神秘的面纱。随着杨浦图书馆新馆的开幕,上海市民有机会走进这幢充满历史沧桑的大楼。很快,位于长海路的杨浦图书馆新馆成了市民前往"打卡"的网红地标。

杨浦图书馆新馆的读者入口在东侧的恒仁路,整个建筑坐西向东。很多读者来参观之前已经做了功课,知道它的雕梁画栋、重楼飞檐,也知道它作为民国建筑在历史长河中的命运。

20世纪30年代,旧上海特别市政府遵循孙中山先生"设世界港于上海"的方针,在江湾地区划出7 000亩土地设计城市市政规划,从1929年编制"大上海计划"到1937年抗战全面爆发,8年时间里,由中国建筑师董大酉领衔,做出一座新城的规划,并建成了市政府大楼、博物馆、图书馆和体育场。当年的市立图书馆于1936年建成，但仅仅过了一年，淞沪会战爆发，相信来这里读过书、借过书的市民寥寥无几。抗战结束，它又成为同济中学的校舍，直到2007年搬迁。上海作家王海（网名大头费里尼）就是同济中学毕业的，在《上海私家记忆》中，他曾这样描述自己母校的这幢大楼："图书馆那幢楼据说解放前是规划中的蒋介石的图书馆。整个中学六年，这幢楼一直是我们雨天室内上体育课的地方，一楼有一个非常大的屋子，跳马单杠和垫子都堵在一角……图书馆旁边有一个小小的门，上旋式楼梯直通楼顶，楼顶有点天安门的感觉，飞檐琉璃瓦，汉白玉的护栏……"

杨浦图书馆新馆

图书馆一楼和二楼镂空的孔雀门（二楼是原物，一楼的是根据原物复制的）

谈到杨浦图书馆新馆及其前身上海市立图书馆，不得不提的一个人就是董大酉。1930年，年仅31岁的董大酉从当时的上海市长张群手中接过聘书，踌躇满志地挑起建设新上海的重任。董大酉1899年出生于杭州，从北京清华学校（清华大学前身）毕业后留学美国，先后就读于明尼苏达大学建筑系和哥伦比亚大学美术考古研究院。1927年他进入美国建筑大师亨利·墨菲（Henry Murphy）的设计事务所工作，1928年回国后，才华横溢的董大酉很快崭露头角。"将租界取而代之"，在美国接受教育的董大酉却怀抱着突破欧美建筑样式的梦想，他要从中国传统建筑中寻找中国现代建筑的新出路。这些建筑的结构配置完全采用西方建筑理念，但在美学上却是中式的。飞檐大顶、梁枋藻井中，饱含了董大酉这代建筑师的爱国之情，用董大酉自己的话来说,那就是"务使其既合现代建筑之趋势,而仍不失为中国原来面目"。梁思成在他的《中国建筑史》中则评价董大酉的建筑"能呈现雄伟之气概"。

然而一名建筑师的命运是不可能脱离时代背景的。因为建筑经费缺乏,董大酉的"大上海计划"本身就捉襟见肘,很多图纸没有完成,即使完成,在用料上也没有达到他的理想状态。即以市立图书馆而论,因为经费原因,建筑用料和北京的皇家建筑不可同日而语,因而损坏严重。

杨浦图书馆内的董大酉胸像

抗日战争爆发,上海沦陷,市政府、图书馆、体育场、博物馆、医院等,有的成了日军的军营、仓库,有的毁于战火。之后,没有人再提起"大上海计划",江湾成了废弃的城市,一年又一年。作家王海在《上海私家记忆》中是这样回忆的:"这个有着幽暗通道的大楼,以后长久地出现在我的梦境中。情节通常是杀戮、奔逃、从逼仄的楼梯上几乎飞下……我的大多数噩梦和这幢楼有关。"几代少年从这里飞驰而过,老楼闲人免进,八十多年一场梦。

1949年以后,董大酉带头响应国家支援大西北的号召,离开上海奔赴陕西,先后在西安担任几家建筑公司的总工程师,主持了西安新城广场的规划和军医大学等项目,后调任天津民用建筑设计院总设计师，主持天津车场道干部俱乐部等的规划设计。他很想回到上海，但上海户口难进。辗转托人，终于在1963年65岁时回到故乡杭州。他曾经设想过西湖的扩建方案，也主持设计了几家宾馆的规划，但有生之年没有落实。直到2000年以后，杭州旧城改造和西湖景区扩建，董大酉的梦想实现了，但他早已不在人世。

董大酉在杭州深居简出谨言慎行，1973年因肺癌去世。他的妻子卢育宝（1914—1976）毕业于南京金陵女子大学文理学院外语系，曾在上海市三女中执教过，因为英语好，所以曾为驻沪美军工作，担任出纳和仓库保管员。1948年又到南京，在美国大使馆工作，只做了半年就因为大使馆关闭而回到上海当起了家庭妇女。董大酉去世后的第三年（1976年），卢育宝服安眠药自杀。

历史都成为烟云。如今董大酉的价值重新被人们所认识，在他建造的建筑之上，现代人重新规划、修旧如旧，建起了新的图书馆。战争的硝烟、人世的变幻，在这里处处能感受得到。午后的杨浦图书馆静谧安详，馆方为读者提供了全方位的阅读服务，到周末还有各种活动，这里已经是爱书者的乐园。更有像我这样的游客，拍照留念，想要留住历史的痕迹。董大酉设计的旧图书馆只存在了一年，时针回到1936年，我想当时37岁的董大酉怎么也想不到，要让喜欢读书的人能在和平安宁的环境里阅读思考，竟然要经过八十多年的漫长岁月。

随着越来越多的人熟悉并了解杨浦图书馆新馆和董大酉，有些杨浦的朋友又不免怀念当年平凉路上的杨浦图书馆老馆。

位于平凉路三星路口的杨浦图书馆老馆，前身为位于海州路的上海市人民图书馆杨浦区阅览室，1958年和沪东工人文化宫图书馆合并而成。1959年又和"东宫图书馆"分开，和榆林区图书馆合

杨浦图书馆门楼

并，名字仍为杨浦区图书馆。1983年新大楼落成，80年代时每年接待读者六七十万人次，是杨浦重要的文化设施。

三星路的"三星"，由来有点意思。杨浦的路名，以东北地区城市命名的很多。三星路原名"三姓路"，三姓，指的是黑龙江省依兰县。依兰县满语名为"依兰哈拉"，"依兰"的意思是"三"，"哈拉"的意思是"姓"，或许"依兰哈拉"叫起来有点拗口，于是有了这条"三姓路"。20世纪二三十年代规划这条道路，原为沟通杨树浦路和长阳路，因为战争的原因，只建成杭州路到平凉路的一段，总长291米。三姓路的南端原有三新纱厂，因此也有人称其为"三新路"。后来人们觉得福禄寿三星的名字吉祥如意,于是"三星路"成为正式路名沿用至今。

因为杨浦图书馆新馆的建成,平凉路老馆显得有点落寞。沪东工人文化宫、三星路的图书馆,曾是几代杨浦市民的共同记忆。相信随着城市更新的步伐,平凉路的杨浦图书馆老馆也将焕发新生。除了新馆和老馆,杨浦图书馆在民星路还有少儿馆,在杨浦区内还有12座街道图书馆。

新与旧、历史和未来,知识杨浦,终究和书香有缘。

浪奔浪流的定海路桥和国棉十七厂

我读大学时,曾在江浦路住过几年,杨浦滨江那一带骑着自行车经常走,不能说熟悉,路名还都知道的。给我留下最深印象的是杨浦的整洁。那时候杨浦工厂多,白天路上行人很少,马路比卢湾宽阔。定海桥和定海路,在上海滩名声在外,据说那里的通用语言是苏北方言,据说那里出过很多风云人物,据说老工业基地现在不怎么兴旺……好吧,不如去看看。

地图上看定海路桥在上海市区蛮偏远的地方,其实坐地铁12号线很快就到了。该桥连接复兴岛的共青路和杨浦区的定海路,始建于1927年,由上海浚浦局建造。定海路桥的桥身酷似黄浦江上的卢浦大桥,但两桥建造的年代相差了几乎八十年。看上去,定海路桥只是一座非常普通的小桥,在黄浦江边,它显得毫不起眼,从它身下流过的,并不是黄浦江,而是连接复兴岛和上海的复兴岛运河。但它,却实实在在是一件文物,不要说黄浦江上的那些大桥要叫它

建于1927年的定海路桥

定海路桥中英文铭牌

一声"大哥",即使和苏州河上那些著名的桥梁相比,它也不遑多让呢。

当年租界当局的中英文铭牌上写的是"濬浦局",一般的材料上都写"浚浦局","濬"和"浚"是一个字的不同写法,"濬"略微有点古风。1927年,当时的租界浚浦局完成复兴岛运河的导治工程,在运河上建造了这座93.75米长的定海路桥。

根据相关材料的记载,在1976年建成海安路桥之前,定海路桥是通往复兴岛的唯一通道。定海路桥上原有几根极富特色的灯杆,现已拆除,只剩下富有年代感的灯柱。

前几年看到新闻报道说定海路桥是有名的"爱情桥",有痴心的男女在桥上写下很多肉麻的涂鸦,可惜我来晚了,涂鸦都已被整治了,现在的定海路桥安静、整洁,当然也少了点人间烟火。

走完短短的定海路桥,就到了大名鼎鼎的定海路。关于定海路的传说很多,几弄几号出过什么名人……但和定海路桥相连的这一段定海路,却丝毫看不出什么岁月风云。初冬季节,梧桐树的叶子依然茂密,小路上车辆行人稀少,只有间或驶过的助动车和自行车。路两旁的围墙上有铁丝网。

定海路以南沿着黄浦江有一排老建筑,现在是"上海国际时尚中心",这个名字听起来大而无当,让人搞不清到底是个什么所在。但老上海都知道,这里就是原来大名鼎鼎的国棉十七厂,也有人叫它"十七棉"。国棉十七厂建于1921年,比它毗邻的定海路桥还要大六岁。最早是日本大阪东洋株式会社开办的裕丰纱厂,上海解放后收归国有。记得小时候看过一部沪剧《星星之火》,讲的是在日本纱厂打工的苏北女工的悲惨经历。《星星之火》故事的原型是谁?我没有考证过,但夏衍先生在写作著名的《包身工》时,的的确确

国棉十七厂的锯齿形老厂房

曾经到国棉十七厂的前身裕丰纱厂调查采访过。

国棉十七厂的老厂房见证了中国纺织工业的兴盛和落寞，也承载了几代纺织工人的欢笑和泪水。这里的厂房很有特色，是锯齿形的。为什么是这个形状呢？据说是因为需要天窗的采光，但又不能有直射阳光，所以建造成这种形状。有窗的一面是朝北的，既避免了阳光直射，又有充足的光线进入厂房，这样的设计是独具匠心的。

国棉十七厂将近百年的历史上，出过风云人物，载沉载浮，过眼烟云。人们更多记住的是那些在平凡岗位上做出成就的普通人，比如该厂的纺织女工黄宝妹，是著名的全国劳模，曾经八次受到过毛泽东、周恩来等老一辈党和国家领导人的接见。著名导演谢晋还曾以她的事迹为原型拍摄过一部电影，片名就叫《黄宝妹》，黄宝妹在影片中扮演自己。

在国棉十七厂的旧址行走,包身工、风云人物、黄宝妹等,都已成了过去。产业转型是大时代的趋势,在大时代里具体的个人如何转型,相信有无数的故事。对杨浦,我只是短短住过几年,并没有深入下去。这里的人、这里的故事,我没办法深入了解。我只是在书上、网上,知道一鳞半爪,在一个出太阳的初冬的午后,走走,看看。黄浦江水波不兴,我却仿佛听到那首歌:浪奔浪流,万里滔滔江水永不休……

南洋医院的生命雕塑

古人云：死生亦大矣，岂不痛哉！即便是刀头舔血、口口声声视死如归的猛士，还要说一声"除死无大事"，死还是件大事，生死他们还是看重的。老卢湾人口不多，对生老病死却有共同记忆。广慈医院（瑞金医院）人多，地段医院呢条件有限，所以310103的人有个生病落痛，喜欢往重庆南路跑。这家安静、干净、很有人情味的医院改过几次名，卢湾区中心医院、瑞金医院卢湾分院……但在卢湾人的口中，它的名字始终没有变过：南洋医院。

想到写一写南洋医院纯属偶然，前一阵有位同事大哥身体有点小恙住在此地。说句实话医院不是玩的地方，以前每次来，要么是自己身体不舒服，要么陪家人，谁有空四处看呢？这次因为是探望友人，而且诊断下来只是小病，这才有心情楼下转转。一转，转出名堂了。医院进门处有个花坛，花坛里有座雕塑，而这座雕塑绝不是普通的城市雕塑。

转了一圈仔细看看，果然是大师之作。整个雕塑由九个裸体人像组成，位于底部的人体表情痛苦，想来寓意人类的病苦。雕塑结构呈螺旋式上升，中间有水与火的煎熬，然而人像神态却是安详的，似乎在安抚病患的心情。雕塑的顶部则是初生婴儿的形象，意思不言自明，所有的磨难和痛苦，终究升华为生生不息的生命颂歌。整个雕塑遒劲刚猛，充满蓬勃的生命力。我虽不懂雕塑，也被它的艺术感染力所震撼。

查了资料，原来这座名为"生命"的雕塑，系沪上著名雕塑家严友人的作品。严友人1943年出生，师从老一辈雕塑大师张充仁，长期在上海油雕院工作。严友人的作品非常多，以名人头像最为外界熟知，塑过的名人不乏聂耳、赵丹、巴金、夏衍等上海文化大家。当然我个人最喜欢的是他为已故复旦大学教授贾植芳先生做的浮雕塑像，这个山西汉子"把人字写正"的精神气质通过雕塑一览无余。

在这所卢湾人托付自己生老病死终身大事的医院里，有严友人的这座雕塑，实在是不俗的机缘。因为这个原因，我又在南洋医院院子里走了走，发现医院虽然小，却很雅。草坪上还有两尊雕塑，分别是医院创始人顾南群、顾恺时父子的塑像，其中顾南群塑像也是严友人的作品，顾恺时塑像出自何人暂时未能确认。

雕塑《生命》

南洋医院的生命雕塑

南洋医院创办人
顾南群先生雕像

顾恺时先生雕像

卢湾人说的"南洋医院",原名私立南洋医院,由顾南群先生(1892—1964)创建于1918年。顾南群出生于江苏启东,其父顾西樵是苦出身,白手起家,所以终身信奉"书包翻身",在启东、崇明等地兴办学校。所生五子,除老二顾南图毕业于圣约翰大学外,其他都留学日本。顾南群是老三,毕业于日本爱知医学专门学校,回国后于1918年创办南洋医院和南阳医学专门学校,当时他不过26岁。

南洋医院最早设在卡德路山海关路(今石门二路山海关路)的石库门房子里,之后先后辗转小南门、董家渡、南阳桥等地,20世纪40年代迁到金陵西路55号(后改嵩山饭店,现已拆除)。1950年重点发展胸科和肺科。1954年大中华产科医院并入,1956年改为公立。1957年,顾南群之子、南洋医院第二任院长,也是中国心胸外科的先驱顾恺时先生筹建市胸科医院,1957年卢湾区儿童医院并入,同年医院由金陵西路迁至现址。南洋医院是民国时沪上规模最大的独资私立医院,抗战时顾南群曾为中国军队伤兵服务,1949年去台湾以后,医院交由儿子顾恺时管理。卢湾的妇幼保健院、香山中医院建立时的医生大多来自原来的老南洋医院。

后来南洋医院成为卢湾区中心医院,又成为瑞金医院的分院,但"南洋医院"的名字却一直口耳相传,在老百姓心里保留下来。笔者小的时候经常到南洋医院看病,不过去的比较多的,却是位于南洋医院本部斜对面的门诊部,也就是重庆南路182号。可能因为病人相对少一点,总感觉南洋医院的医生都是笑眯眯的阿婆,说着慢悠悠的上海话。不像去瑞金医院,医生总是说着各地口音普通话的小伙子。即使不幸屁股上要打一针,南洋医院护士的手脚也是轻的,和你有一搭没一搭地拉着家常,酒精棉球一擦,好了。

说起这所房子,还有一段故事。当年这里的门牌号是吕班路50

号,民国时代曾开过一家荷兰西菜社,1930年9月17日,鲁迅先生在这里过了一次五十大寿。鲁迅日记有这样的记载:"友人为我在荷兰西菜室作五十岁纪念,晚与广平携海婴同往,席中共二十二人,夜归。"

鲁迅这里写到的"友人",即美国记者史沫特莱。据史沫特莱后来回忆,这次寿诞的场地是她联系租借的,柔石、冯雪峰、许广平等发起,参加者除左联、社联、美联、剧联代表外,还有叶绍钧、傅东华、茅盾、阳翰笙等进步作家、教授、演员、新闻记者、学生代表。史沫特莱为鲁迅拍摄了两幅照片,留下了珍贵的历史影像。

后来,鲁迅先生在给曹靖华的一封信中这样写道:"前几天有几个朋友给我做了一回五十岁的纪念,其实是活了五十年,成绩毫无,我惟希望就是在文艺界,也有许多新的青年起来。"

朱葆三与"血巷"溪口路

　　1926年9月2日，78岁的上海工商界领袖朱葆三先生病故，上海商界下半旗致哀。11月6日出殡，沿路观者达到50多万，一时成为海上盛事。两年前的1924年，法租界为表彰朱葆三为上海作出的杰出贡献，把靠近爱多亚路（今延安东路）天主堂路（今四川南路）的一条小马路命名为"朱葆三路"，朱葆三成为仅有的五名能把名字书写在租界地图上的中国人之一，在旧上海可以说是达到了荣耀的顶点。但朱葆三先生当时如果晓得后来发生的事，以他名字命名的朱葆三路成了外国水兵寻欢作乐的酒吧街，甚至因为打架斗殴成为常事，一再发生血案，而被称为"血巷"（Blood Alley）的话，他会不会气得从棺材里醒来，用他的宁波闲话破口大骂呢？

　　朱葆三路最早是条土路，20世纪初因为建造永兴里房屋，土路逐渐湮没，到1922年开辟成碎石路，不晚于1924年，以"朱葆三"名字命名。这条马路距离法租界外滩不远，连接法大马路（金陵东路）和爱多亚路，总长不过100米，不用找博尔特，找个业余运动员来跑，十几秒钟可以从马路这头跑到马路那头。但因为用了"朱葆三"这个名字，在上海的城市建设历史上注定会有其地位。当然朱葆三路更有名的，是在这百米小路上发生过的故事。

几乎整个30年代，朱葆三路几乎就是酒精、暴力、赌博和娼妓的代名词。在这里发生过多少故事，不可胜数。外国水手从十六铺码头上岸，几步就到了这里，几杯酒下肚，惹是生非是必然的。

在溪口路和延安东路转角处曾有一处名为"安乐宫"的娱乐场所，还有许多酒吧。安乐宫由黄金荣、杜月笙合伙于1928年开办，内有舞厅、酒吧，附设旅馆。1930年后，其中又开设一个被称为"华都"的舞厅。在安乐宫发生的故事，就不仅仅是外国水手打架那么简单了。

1946年9月22日晚，上海人力车工人臧大咬子拉了西班牙人赖令奈到溪口路安乐宫舞厅，车停下后赖令奈没有付车费就径直进了舞厅。臧大咬子在门口一直等到赖令奈和一名美国水兵饶德立克一道踉跄着出来，才向他们索取车费，不料钱没有要到，却被饶德立克挥拳猛击不省人事。当时正在执勤的中国警察王贵斌闻讯赶到，饶德立克竟被美国吉普车带走。臧大咬子送到仁济医院后因受伤过重，竟于次日凌晨5时死去。

臧大咬子的遭遇引起了国人的公愤，社会各界和进步舆论不断谴责，并借机推动"美军退出中国"的活动。但是当时美军以"治外法权"为由拒绝将饶德立克交给上海地方法院，由于无法传讯行凶主犯，法院迟迟不能开庭。最后上海地方法院以"教唆杀人罪"判处西班牙人赖令奈徒刑一年零九个月，而凶犯饶德立克始终未能归案。

那座惹是生非的安乐宫，1949年以后由上海市人民政府接管，舞厅改为书场，后又改为"精武体育馆"，1976年起为上海魔术团使用，后因开凿延安东路隧道而被拆除，彻底退出了历史舞台。在原来差不多的位置上，建起了上海工商联大厦。

安乐宫的对面是以朱葆三名字命名的"朱葆三大楼"，一座三层钢筋混凝土结构的大楼。这幢楼建于1922年，由中法银公司投资建造，建造前是一排旧式石库门建筑，业主就是朱葆三，所以大楼建成后也沿用朱葆三的名字。后来房屋被转让给逊百克地产部，所以也叫逊百克大楼，该大楼的房间大多租给洋行、商号、工厂和办公室，底层则有新丽珠等几间酒吧。1945年至1949年间，中共地下组织在大楼二楼设立"新华日报社"办事处，办刊物《群众》，底层设有新华印刷所。

中华工商专科学校的分校曾设在朱葆三大楼，郭沫若、马寅初、黄炎培、陈望道等知名人士曾在该校任教。当时校内中共地下组织力量很强，是地下"学联"主席团成员之一，也是上海学生运动的核心力量。1946年，该大楼二楼曾办过儿童妇女福利基金会，宋庆龄在沪时曾借此层办公。从法租界时代的巡捕房到后来的警察局，距此不远的金陵东路河南南路口就是旧上海著名的警察机构"麦兰捕房"，溪口路朱葆三大楼应该说是"在敌人眼皮底下"，在这里从事革命活动，需要极大的勇气和极高的智慧。

朱葆三路改名溪口路是在1943年，后来酒吧街自然烟消云散，溪口路又重新恢复了宁静，成为一条不起眼的小街。人们到金陵东路、延安东路一带逛街，很少会走进这条安静的小马路。民国时代的酒吧风云，似乎从来都没有发生过。什么"血巷"，什么"上海异人娼馆"，什么"治外法权"，早就成为了遥远的过去。

在百乐门，舞吧，舞吧，舞吧

上海作家穆时英在他1932年出版的小说《上海的狐步舞》中，开宗明义第一句话就说："上海，造在地狱上面的天堂！"1912年出生的浙江慈溪人穆时英，30年代正是他血气方刚的青春岁月，彼时他和刘呐鸥、施蛰存等一班文人墨客，在十里洋场白衣胜雪恣意纵横，写下众多文艺作品，也在老上海的欢场留下深深的足迹。老上海的跳舞场所在多有，但最有名也最时髦的，非有"远东第一乐府"的百乐门舞厅莫属。

1932年的上海，静安寺路（今南京西路）逐渐繁华，成为上海西区新的发展亮点。商人顾联承斥资70万两白银，在静安寺路愚园路口，购地建造了Paramount Hall，取谐音名为"百乐门"，供上海滩的新贵娱乐之用。百乐门号称"远东第一乐府"，由著名建筑师杨锡镠设计，总共三层。底层为店面，三层为旅馆，重中之重，即为二层的舞厅。

20年代上海滩最繁华的歌舞场，是现在江宁路（原名戈登路）的大华饭店，自从1929年歇业以后，上海西区还没有热闹的娱乐场所。百乐门的建成填补了空白，加之日本人势力在上海不断渗透，战争的阴云笼罩着浦江两岸，众多上海人在歌舞中寻找刺激，百乐门也由此一跃成为新的热闹场所。话说当时百乐门的两个舞池，一是彩色磨砂玻璃地板，二是弹簧地板，根据当年上海滩著名中医陈存仁先生的说法，"舞客跳舞的时候，更觉得轻松有趣，这种规模在香港是没有的"。

上海人管跳舞叫"蓬擦擦"，但凡来到欢歌舞场，总要找个合适的舞伴。找舞伴虽然不是相亲，但有时比相亲的要求还要来得高。要知道相亲看的是对方的家世、相貌和气质，跳舞要注重身材与舞技，还要讲究双方的配合，更要对方言语对味，找到一个合适的舞伴，不是容易之事。所以身材妖娆、嘴巴又会"翻"的红舞女，实在是可遇而不可求。百乐门舞厅从早上九9开始营业，一场早舞之后是下午2点的茶舞，有时还有一场中午12点的午餐舞，重头戏是晚上7点开始的晚舞，一直跳到晚上12点，甚或就直落次日凌晨。衣香鬓影，歌舞升平，难免就生出事端来了。

1940年2月25日，红舞女陈曼丽在百乐门舞厅被人三枪打死，至今陈曼丽之死仍是疑团重重，有人说陈曼丽是军统特务，被日本人报复杀死，也有人说她因为和汪伪勾搭而被国民党"锄奸"，更有人说一切没有那么复杂，无非是她不愿意和日本人跳舞，所以惹了祸遭了殃。总之，谜案更增加了百乐门的神秘色彩，何况"孤岛"年代，上海人的精神更为空虚，百乐门舞厅的生意没有受到影响，反而越来越兴隆。本来百乐门的舞女虽红，却红不过仙乐斯，经此一炒作，倒压过仙乐斯一头。在百乐门驻唱的著名歌星韩菁清被评为"歌星皇后"。韩菁清到台湾以后和著名作家梁实秋先生结婚，传出一段学界和欢场的佳话，这是后话不提。

　　说到百乐门，有一个人的名字不得不提，那就是吉米·金。他的人生遭际，说来就让人唏嘘。吉米·金看上去是个外国名字，他却是个道道地地的中国人，中文名字叫金怀祖。他出身官宦之家，毕业于圣约翰大学物理系，本来可以做他的豪门公子，却偏偏爱上了爵士乐。1947年吉米·金组成自己的乐队，常驻百乐门，成为当年第一支进入高级夜总会的华人爵士乐队，改变了上海滩乐队由外国乐师一统天下的局面。但吉米·金的辉煌只延续了匆匆几年光景，1953年他的乐队解散，吉米·金也被发配到安徽的华阳河农场，那一年的他，不过36岁而已。英俊潇洒的公子哥儿吉米·金在安徽农场一待就是30年，直到80年代才重回上海滩，举目无亲又身患疾病，好在当年的红颜知己收留了他，1991年吉米·金在上海病逝，临终前他对老朋友说："谢谢你们为我养老，请将我埋在你们家竹院里，我害怕孤零零一人躺在冰冷的墓地里。"一代中国爵士乐的超级巨星就这样走完了他72年的坎坷人生。

　　百乐门的舞资不像人们想象的那么昂贵，一元钱可以跳三支曲子。当然"五陵少年争缠头，一曲红绡不知数"，偏有那些痴情的欢场子弟，动不动十元八元小费付出去，舞女心头暗喜，却也要暗自说一声"瘟生"。有些囊中拮据的舞客，兜里一共只有一块洋钱，也要到百乐门见见世面过过瘾，他们被戏称为"丹阳（单洋）客人"，舞女碰到这样的人，也只能怪自己"触霉头"。跳到最后一曲，舞客的钞票放在左手，一曲结束，顺手把钱留在舞女的右手，也有把钱放在手绢里的，俗称"塞狗洞"。双方彼此心照不宣，舞女不会"现开销"数钱，存心不付钱滑脚的舞客，好像也没有听说过。这是跳

百乐门舞厅

在百乐门，舞吧，舞吧，舞吧

145

舞场的默契，或说是旧时代的体面。

1949年以后百乐门舞厅曾经变为影剧院，笔者小的时候，但知静安寺的"红都影剧院"，附属建筑成为商场。当年十里洋场的百乐门，早已成为过眼烟云。

"月明星稀，灯光如练，何处寄足，高楼广寒。非敢作遨游之梦，吾爱此天上人间"，这是1932年百乐门舞厅刚刚建成时上海滩流传的诗句。在百乐门舞厅最辉煌的岁月里，每晚最高潮是演唱黎锦光作曲的《满场飞》："香槟酒气满场飞，钗光鬓影晃来回，勾肩搭背进进退退，步也徘徊爱也徘徊。你这样对我眉眼乱飞，害我今晚不得安睡。他们跳来我也会，我跳得比他更够味……"前面说了，百乐门跳三支舞只要一块洋钱，但当年一瓶香槟的价格是十六块。《满场飞》一起，香槟开启，舞池里的人都要牵手排成一排，直到一曲终了，这才集体鼓掌欢呼退场。至于袋袋里的洋钱用掉了多少，似乎也不怎么在意了。

市井杂谈

关于黄浦江轮渡的回忆

小的时候，去趟浦东可是件大事！

80年代，小学同班同学的父母单位在东昌路分了套房子，拿到初中录取通知书后，邀请我们去他们家玩。几个同学像郊游那样"踏着晨曦"出了门，坐轮渡过江再坐公交车。那是一个夏天的清晨，轮渡的筹子是绿色的，投出去，碰撞票箱时发出清脆的声音："嗒啦"。轮渡的筹子长得和点心店小馄饨的筹子很像，但买小馄饨的时候，筹子是交给营业员师傅的，听不到声音。我第一次在黄浦江心眺望浦江两岸，一边是外滩，市政府、海关、中国银行……江中驳船的汽笛声、外滩的钟声、渡轮上自行车铃和人的身体摩擦的声音，那是属于80年代的声音。

虽然跑了很多路，但同学家的条件让我们大开眼界。新建的板式工房，独用的煤卫，还有大阳台。作为客人，我们的军用书包里装了面包红肠和橘子水。同学妈妈笑了：你们真以为是来春游的？

上海轮渡站俯瞰

告别同学家，互留地址。某某路某某弄某某号，那时很多同学家在某某号后面还有个括号：前楼、后楼、亭子间，或者一个门牌有多个出入口的，会标明"甲乙丙丁"。同学留的地址是浦东某某渡某某宅几号几零几，那一刹那，感觉到一种异国情调。

后来有了自行车，活动半径陡然大起来，有同学撺掇组团去三林塘"捉虫"（抓蟋蟀），据说那里的"虫"比七宝略逊一筹，但距离比较近，坐轮渡过了江，骑车"一歇歇就到了"。我忘了这是谁出的主意，但"一歇歇就到了"显然是个美丽的谎言。我们在初秋的田埂上肆意挥洒汗水，多年以后回想，猜想着参加环法自行车赛"魔鬼路段"的车手是什么心情。

好不容易到了，"蛐蛐蛐"，让人愉悦的声音。我们忘乎所以地追逐那些未来赛场上的战士,全然忘记了脚下踩的,是农民伯伯辛苦耕种的田地。"小鬼,哪里来的?"终于我们被发现了,好在我们有自行车。骑啊骑,看到轮渡站的那一刻,心情就像电影《平原游击队》里的老乡见到了李向阳。

1995年我上班了。浦东是1990年正式开发开放的,热火朝天的年代。到单位报到以后,单位组织新员工参观正在建设的东方电视台大楼。黄浦江上有了大桥和隧道,我们是坐大巴车过隧道去的浦东,一人发一顶安全帽,浦东到处都在施工。领导指着高耸的脚手架说:"小伙子,你们好好干,浦东房子多的很!"

那时候不是说"宁要浦西一张床,不要浦东一间房"吗?在上海生活,"地段"两个字时时处处戳着人的神经。不要说去浦东,浦西的房价也让人看不懂。一样的房子,隔条马路,仿佛就是两个世界。

1998年我到浦东上班了,1月18日搬进新办公室,前一天17日晚上下雨,我们忙到半夜,撑着伞离开了南京东路七重天的老办公楼。那时候满心都是对未来的憧憬,根本没想到回头再看一眼我们的老办公室。

那个年代机动车过江要收15元"过江费",从我家到东方路上班,公交车要倒好几辆,打出租车的开销就太大了。有时晚上也要去加班,就到延安路云南路口"拼车"。5块钱一个人,只送到龙阳路。偏偏我上班的地方离龙阳路还有一段距离,5块钱就要下来走,送过去就要10块,坐5块头还是10块头?纠结……

2001年我回到南京西路上班,但在浦东买了套房。住到浦东后,困扰我多年的鼻炎不治而愈,空气真的好。高楼大厦离得很远,没有光污染,晚上在家不用挂窗帘,望出去是暗的。

在浦东住了七年又回到从小生长的老卢湾,我有机会感受新老

关于黄浦江轮渡的回忆

城区的不同。2015年开始,我开设了自己的微信公众号,把我观察这座城市的心得体会和读者朋友分享。浦东,去得少了。但每次去,我会想方设法留出一点时间,尽量坐一坐轮渡。让我感到惊讶的是,在相当长一段时间里,轮渡保留了那种老式的筹子,只是从绿色变成了蓝色。"嗒啦"一声,依然清脆。

我也阅读了大量和黄浦江有关的书籍和材料。黄浦江上渡船的历史,和那些以"渡"命名的地方一样古老。清朝咸丰年间,浙江慈溪来的17岁少年叶澄衷在江上驾驶舢板,有一次捡到一只外国商人忘记的皮包,他停下手头的生意不做,在渡口等待皮包的主人。作为酬谢,他得到了一些金钱和商机,开始了自己"五金大王"的生涯。

1911年1月,辛亥革命的前夕,上海开出了第一班轮渡,告别了舢板时代,至今已经整整112年。1949年后,大量工厂和工人新村在浦东拔地而起,轮渡成为不可或缺的市内交通工具。80年代,上海每天有20多万人通过轮渡通勤。终究是不便,有时大雾封江,有时风急浪高,1987年12月,陆家嘴轮渡还曾发生了踩踏事故……

"宁要浦西一张床,不要浦东一间房"的时代,终于一去不复返了。如今的上海轮渡,更多地像是条观光船。上海喜欢骑行的朋友越来越多,轮渡也是他们过江最好的交通工具。只是轮渡比从前空太多了,人的衣服和自行车铃摩擦的声音,很少听得到了。

很多次在江心,我像十来岁的少年那样凝视着黄浦江的两岸,三四十年的光阴如江水缓缓流过,当年一望无际的田野,如今长成了高楼大厦,与之相比,百年的老外滩反而显得低矮。

此外,用了几十年的筹子,被交通卡取代了。没了那清脆的"嗒啦"一声,总觉得少了点什么。

马桶琐忆

吃喝拉撒是人生最要紧的事情，但人常常更关注吃喝，对拉撒不太关注，都"重视眼前利益"。其实饿肚子可以忍，一个人从不吃饭到饿死，起码要一个礼拜。但要是下三路通道堵了，不要说一天，怕是片刻都挨不过去，所谓"人有三急"。绝大多数上海人已经告别了旧式的马桶，甚至"马桶"成了讳莫如深的词。但在上海人的记忆中，又怎么少得了这样东西呢？

说起马桶，先来谈点童年往事。记得那年我五岁还不知六岁，住进了北京西路上的儿童医院。不是什么大病，鼻子出血。看的什么科不记得了，但儿童医院的病房有两个细节给我留下非常深刻的记忆：一是被子特别宽大，钻在被窝里可以打滚；二是那里有抽水马桶。此前我从未坐过抽水马桶，住进病房第一天，很快就内急了，解开裤子坐上去，马桶座没有放下来，两条大腿冻得一激灵。过来位护士小姐："哎哟，你这个小子连马桶都不会坐啊……"帮我放下了马桶座。待我方便好,又教我如何冲水,那种老式的链条,把手是铜的,用力一拉:"哗……"爱之初体验,40多年了。

那年我和老同事朱弘强老师一道到南市采风,一进老西门肇方弄就看到有阿姨倒马桶。顾不得征求阿姨同意,掏出相机就拍。阿姨不大适意相:"这有啥好拍的嘛,你们猎奇是吧?"我赶紧打招呼:"阿姨侬误会了,我是坐马桶长大的。换新房子,阿姨你要和马桶说再见啦。"阿姨笑了。

以前上海的住房条件简陋,家里能有抽水马桶的终究不太多,住新工房还好,住钢窗蜡地板的洋房看似光鲜,很有可能三四户人家共用一只抽水马桶,早上起来站在门口等出恭,坐在里头的和等在外头的想来都不会怎么享受,何况男女有别,最是尴尬,怕是出门那一刻。偏有些老房子的厕所门是百叶窗的,人在里头影影绰绰,就更无奈了。要这么说,倒不如老房子里自己家独门独户地用一只木质的马桶,帘子一拉,"躲进小楼成一统,管他春夏与秋冬",来得逍遥自在。

马桶每天早上有专门的阿姨逐门逐户来收,拎到统一的地方清理,当然也有"做人家"的,省下那几钱服务费,自己动手,丰衣足食。清洗马桶的工序首先是"倒",倒进大的粪池;然后是"刷",用一种竹制的马桶"豁笻",有些还要加入毛蚶壳,马桶豁笻一刷,发出"哗哗"的声音,

马桶

那是上海弄堂早晨的一景。洗干净以后还要晒,讲究的人家常常有一主一备,一只晒着,另一只拿出来用。稍微局促点的,只有一百零一只,碰到黄梅天马桶湿哒哒的,坐上去冰冰泅……

蹲马桶需要技术。马桶本身的设计是桶状的,中间腰部鼓起来。如果不掌握一定的坐姿,不明就里一屁股坐上去,很有可能失去平衡,那就非常不好玩了。还有坐那种人家上过的马桶,倘使不讲究一定的轻重缓急,"吹皱一池春水",那也相当恶心。坐马桶,有点像上海人的做人,讲究不徐不疾的分寸,和精确无误的技术,坐得马桶,必做得大事,这和"治大国如烹小鲜",是一个道理。

自老家拆迁后,我有几十年没坐过马桶。这些年走南闯北,四海八荒的厕所也上过不少,从北京胡同里那种全无遮拦、大眼瞪小眼的茅坑,到川西坝子高速公路上两块木板搭出来的棚子。在江南的农村,我上过独具特色的"坑缸板",直接和猪圈连通。还有在鲁西南农村的夏天,打开茅厕大门,数以千计的苍蝇忽然向你飞来,而你,还不得不在那里蹲下去……

这么多年我只蹲过一次马桶,唯一的一次,却是终身难忘的一次。很多年前我认识个同学的同学小傅,算不上特别熟,只是在朋友聚会上经常碰到,倒蛮聊得来的。那次一道到小傅家打牌,给了个地址在人民路紫金路附近。打牌前我们在河南南路口的清真回风楼吃了牛肉水饺和牛肉汤,出门又在便利店喝了两罐冰啤酒,牌打到一半,闹肚子了。百般无奈之下只能央求小傅相帮找厕所,小傅面露难色:"我们这里没有厕所,你实在急,只有蹲马桶了。"我苦笑道:"小傅,我OK的。"小傅让我稍等,出去了几分钟,把我引到隔壁楼梯底下:"你就在这里方便吧。"我毕竟是仔细人,看了一眼,马桶是没用过的。接下来的事情略去不表,急吼吼进去,神抖抖出

马桶琐忆

来。小傅摆摆手:"你先坐,我出去一下",过了一会儿回来,牌局继续。

不料当时小傅已经身患肝癌,因为肿瘤长的位置不好,只当是胃病治疗,熬了一阵,英年早逝了。后来我把那天在他家上厕所的事情和朋友一说,朋友说:小傅家的马桶就在房间里,他为什么让你到隔壁去?再联想到小傅出去一阵才回来打牌,我这才恍然大悟:小傅应该是问隔壁邻居借了个干净的马桶给我用,用完给人家洗干净了,那是在照顾我这个"贵客"啊!如今小傅去世已经近二十年了,虽没有什么深交,但每念及这一次蹲马桶的情意,依然让我感动。正所谓:安得抽水马桶千万只,大庇天下内急人士俱欢颜。我希望天下不再有马桶,但我希望人与人的感情,不要就此消失了。

这两年旧区改造力度极大,市区还在用马桶的老房子越来越少了。一般认为从蹲式马桶升级到抽水马桶,总是生活质量提高的表现。不过不久前和一位开烟纸店的阿姨聊天,说到对马桶的看法,多少引发我的一些思考。阿姨说:"蹲马桶不如用抽水马桶方便,那是自然的,你们用惯抽水马桶,肯定会这么想。我们这么多年来天天和马桶作伴,已经习惯了。"为了一只马桶,要告别交通便利的市中心,老居民不是没有想法:医疗、教育,差异是客观存在的。阿姨说:"你看我们周边,咖啡店、餐厅有多少?小孩子要是读书不争气,找份糊口的工作很容易。你让我去远郊,我总不见得天天坐在抽水马桶上,你说是不是?"

我闻之语塞。

小落回

难得周末几位好友相约,到路边小店小酌几杯。并没有什么事要谈,只是成天忙忙碌碌,累了,谈天说地放松一下。没有不醉不归的豪气,也没有肉山酒海的排场,三杯两盏淡酒,广东人叫"叹世界",上海人称之为"小乐惠"。说到"小乐惠",上海人人人喜欢,但"乐惠"两个字到底怎么写法,多数人不甚了了。报刊上写上海文化的,写出来也南辕北辙,有的写"乐惠",有的写"落胃",莫衷一是。

上海人说的"小乐惠"也好,"小落胃"也罢,都是音同字不同的以讹传讹。追根溯源,这个词来源于评弹,原来的写法是"落回"。苏州评弹自称"说书",不管男女一律称为"说书先生",现在听到的评弹多是很短的"开篇",只有几分钟,相当于"精选",而对评弹演员能力的评价,主要看中长篇。从前评弹艺人走江湖跑码头,一回书近两小时,中间休息十分钟,叫"小落回",两个小时一回书结束,就是"大落回"了。"小落回"的时候,演员和观众都可

"小落回"时的点心

以歇口气,喝杯茶或吃点点心,为后面的演出接接力,此时的一口热茶,一只馒头,可谓舒服至极,"小落回"由此成为一种享受的代称。不过上海的苏州人毕竟数量不多,一来二去"小落回"成了"小乐惠""小落胃",好在意思相差不大,也就约定俗成,流传下来了。

小落回虽沾个"小"字,倒比大落回更加来得"落回",因为小落回是漫漫长路中的一次小歇,如同西式聚会中的"茶歇",或是交响音乐会里的"幕间休息",稍微垫垫饥,女士补补妆,迎接更精彩的下半场。等到"大落回"么,偃旗息鼓没有戏唱了。

对评弹艺人来说,无论是"大落回""小落回",都是严峻的考验,能否成功地掌握"落回"技巧,关乎业务能力、关乎艺术品位,当然更关乎艺人的饭碗。

我曾看到一则记载,评弹大家蒋月泉先生有一次在外码头演出,这回书最后是一段很长的说表,有些观众起身离座。蒋月泉见状,拿起三弦"叮咚"轻拨几下,好像要唱的样子,正要离场的观众赶紧回来,蒋月泉拿着三弦不动声色地说完那段书,然后看了看钟说道:"今朝辰光差不多,明朝再唱吧……"这是"落回"的技巧,让听众和演员都"落回"。

评话老艺人张鸿声的《英烈》人称"飞机英烈",盖因其人说书海阔天空,书里噱头特别多,而且可以针对不同的听众进行调整,今天"老耳朵"(形容老听众)多,他就说得严谨一点,女听众数量多,他就说得放松幽默一点,当年行走江湖的艺术家,就是有这样的功力。

谈到"小落回",不得不提老南市的文庙。青春岁月里,多少个周末都是这么过的:从中华路文庙路口那个"文昌物华"的大牌坊开始,走到庙里的二手书交易市场,出来行至学宫街左转,进文庙书刊批发市场大门,转一圈从梦花街的后门出来,一只双肩背包已经满满当当了。

除了书,还得吃一顿。先在乔家栅来客小笼,然后老道前街吃一套双档配咸肉菜饭,外加一块大排。学前街附近有西北狼烧烤和炸臭豆腐。转到梦花街,早的话可以去吃那个驰名中外的梦花街馄饨。

但这些都没有去小酒馆喝酒来得隆重。如果下午没有事,三五

文庙书刊交易市场(2013年摄)

知己扛着大包小包的书,就在小酒馆的板凳坐下来。点菜无需什么菜单,多少年不变就是茴香豆、霉毛豆、霉千张、臭冬瓜……

重点是酒。半斤装的瓶子,从最便宜的元红开喝,加饭、善酿、香雪……就这样一种种喝上去,把五湖四海的牛皮吹遍了,直喝到日头西垂,这才来碗馄饨,填饱肚子晃悠悠回家。

没几年的工夫,原来随便进的文庙大成殿,要另收费了。周末的旧书交易结束了,书刊交易市场,先是关门歇业,后来干脆拆掉了。梦花街馄饨自从上了电视,红了,搬到了更宽敞的地方。只有我们喝酒的这家小酒馆,还以一种90年代的姿态顽强地存在着。

生意好了,原来的小酒馆开了不少分店。有一次在昭化路分店喝酒,发现一尊鲁迅先生的塑像,底下写着几个字:"吴妈,我要和你困觉。"这是《阿Q正传》里的句子吧,倒想起文庙老店里挂过的一副对子:老酒日日醉,皇帝万万岁。

年头变了。

那次在昭化路和三五好友"小落回"之后,道声再见又要各忙各的了。回家路上走过华山路,忽然想起当年交通大学华山路大门边上,曾有一家小吃店"小乐惠",我的要好同学小费就住在那里。大学刚毕业那阵,我和几位好友年少轻狂,经常"夜饮东坡醒复醉",喝得晕晕乎乎,就到这家"小乐惠"吃醒酒夜宵。有时大馄饨,有时辣酱面,尤其是寒冷的冬夜,热汤热水真是人生的"小落回"。现在华山路早就旧貌换新颜,"小乐惠"不知还在不在。一起喝酒的酒友,各自为生活奔忙,虽然微信天天见,总不及坐下来端只酒杯那么"落回"。

哪怕无酒无菜,就是大馄饨或者辣酱面,也很"落回"啊。

一叹。

还记得泥城桥的煤气包吗?

如今上海的交通"三横三纵"再加公交地铁,可说是非常便利。即使去松江、嘉定等以前的郊县,坐上地铁也很快可以到达。回想笔者小的时候,上海马路狭窄,交通不便,从卢湾去一次江湾,公交18路到虹口公园换9路,那真是漫漫长途。每次坐电车到"泥城桥"站,看到煤气包,心理会略有放松,因为过了西藏路桥,车子会空一点,拥堵也会缓解。当年的西藏路是贯通南北的大动脉,西藏路桥则是连接市中心和闸北的交通枢纽。很多人认为西藏路桥就是泥城桥,事实并非如此。

在前两年热映的电影《八佰》中,西藏路桥是一座生死桥。电影结尾,谢晋元团长和他的将士们从四行仓库撤退,正是通过西藏路桥进入公共租界,保住了抗日的有生力量。这一幕通过导演的艺术加工,拍得特别煽情,却并非虚构。西藏路桥见证了中国人抗击日寇的气概和勇气,是一座英雄之桥。电影中的这段情节也表现了西藏路桥的地位：桥的西北部是原来的华界（闸北），东侧和南侧为公共租界。一般认为公共租界和华界以苏州河为界，这种看法并不全面。公共租界西区（西藏中路以西）和华界固然是以苏州河为界，但在西藏北路以东还有公共租界的北区和东区，分别对应现在静安（闸北）、虹口和杨浦的一部分，也属于公共租界，这是要说明的。

西藏路桥建造于1924年，在十里洋场年代的旧上海，它是连接公共租界和闸北的交通要道。如今它是黄浦和静安（闸北）的分界线。西藏路桥有个别名：新垃圾桥，因其桥堍有垃圾码头而得名。垃圾码头原在浙江中路，所以浙江路桥又名老垃圾桥。

很多老上海也把西藏路桥称为"泥城桥"，可能和18路电车以前的站名有关。西藏路桥和泥城桥有一定关系，却并不是一回事，这要从西藏中路的辟筑说起。上海是因水而生，如今熙熙攘攘的西藏中路，原来是条蜿蜒的小河，贯通吴淞江（今苏州河）和洋泾浜（今延安东路），流经厦门路、新闸路、北京东路、南京东路等。1848年英租界第一次扩充，以这条小浜为界，为防止太平军进攻租界，浜边曾筑起泥城，所以叫泥城浜，又名护界河。泥城浜边上有一条土路，称西藏路，又名西外滩。在泥城浜上共有四座小桥，分别位于北京东路、凤阳路、南京东路和广东路，共四座"泥城桥"。

1912年租界当局填浜筑路，西藏中路有了今日的雏形，四座桥都拆除了，但"泥城桥"作为地区的名字保留下来。尤其北京东路所在的"北泥城桥"因周围办有众多公司行号，尤其是英商自来火公司、中法大药房等，交通又是四通八达的六岔路口，人力车、三轮车、老虎车、汽车、电车川流不息，因而整个地区就被称为"泥城桥"——有桥的名字，但没有桥。

当年的泥城桥地区公司、戏院、商店鳞次栉比,有著名的祥生汽车公司、丽都大戏院(后改名贵州剧场)、金城大戏院(今黄浦剧场)等。厦门路北京东路附近,铁铺五金店集中,还有餐厅、酱园、茶馆。新闸路口的大观园浴室、北京东路口的星火日夜食品商店等,营业通宵达旦,热闹异常。

除了泥城桥的回忆,西藏路桥还曾经有一处独特的景观:两座硕大的煤气包。虽然已经拆除,但在很多上海人的记忆中,没有了煤气包的西藏路桥,似乎是不完整的。西藏路桥还有一个别名:"自来火厂桥"。说起"自来火",上海人第一反应是火柴,其实这里的"自来火"指的是煤气。英商煤气公司1865年投产,是中国第一座煤气厂。西藏路桥东南侧的大型圆柱体螺旋升降式煤气储气柜,上

煤气包旧影　　　西藏中路原煤气包旧址

还记得泥城桥的煤气包吗?

西藏路桥与桥畔的四行仓库纪念馆（2022年摄）

海人亲切地称其为"煤气包"，四行仓库保卫战，日军之所以不敢动用重型武器，多多少少有担心引起"煤气包"爆炸的因素。

现在看到的西藏路桥北起西藏北路曲阜路口，南到西藏中路厦门路口，长110米，是沟通上海市区南北交通的重要桥梁。原来的老桥因年代久远已不敷使用，现在看到的桥是新建的。虽然是座新桥，但栏杆、桥头堡、桥洞等保留了原来的样式，在西藏路桥上驻足，仍能感受到百年老桥的独特魅力。

新闸路西藏中路是个六岔路口，星火日夜商店和大观园浴室（曾改名沪中浴室）大名鼎鼎。星火日夜商店原来是二层砖木结构的楼房，前身是一家名为"大上海"的茶叶店，1953年更名"益兴"茶叶店，1956年公私合营。1968年在这里开办起了通宵营业的日夜食品商店,"星火"的名字来源于毛主席诗词"星星之火可以燎原"。如今24小时营业的便利店遍布上海每个角落,但在当年,通宵营业是了不起的壮举,星火日夜商店的事迹沪剧唱过、连环画画过,是上海的一道风景、一块招牌。

在西藏路桥的东北角,有一家小小的二手书店,以"犀牛"的名字命名。这家书店迁徙过很多地方,最终在这里安家落户。二三十平方米的店堂,摆满了文史哲书籍,满满的怀旧风,教辅书和畅销书,在这里是找不到的。从选书到分类,很多细节都体现出书店经营者独到的心思,也成为沪上爱书之人热衷的打卡圣地。

如今,苏州河经过治理,已经获得了重生。人水和谐的风貌,映射出时代的变迁和城市的发展。厦门路的衍庆里是时尚人士驻足之所,曾经硝烟弥漫的四行仓库,现在是爱国主义教育基地,每天吸引着全世界各地的人前来凭吊、参观。泥城桥、垃圾码头、煤气包、黑臭的苏州河和驳船的汽笛声等,都已成为历史。

老娘舅、娘舅和爷叔、老爷叔

上海话有时想想蛮有意思，普通话叫"舅舅"和"叔叔"，到了上海话里头，生恐人家不知道舅舅是来自母亲一系，叔叔来自父亲一系，就在前头各加了个前缀：舅舅叫"娘舅"，叔叔叫"爷叔"，呱啦水清。

说起来，娘舅和爷叔虽然同是亲戚，亲疏却有分别。娘舅是妈妈的兄弟，"三代不出舅家门"，尤其男孩子，长相和舅舅相似的特别多。无锡有俗话说"强盗女婿贼外甥"，外甥从舅舅家顺手牵羊，那是天公地道，只要舅妈不看到，一点事没有的。

上海话里还有一个专属称谓"老娘舅"，倒未必是舅舅的意思，专门用来称谓那些急公好义的邻居大叔，所谓叫"众家老娘舅"，属于公用的。谁家里有什么矛盾了，不到打官司的级别，但也不大好协调了，这时候就需要"老娘舅"出来摆句闲话。

那些弄堂老娘舅的文化程度未必高，但评弹戏曲听得多，说来说去无非是点"家丑不可外扬""家和万事兴"之类的套话。可人有时候就是一口气别不过来,老娘舅这么一发声音,似乎大家气就平了,几句好话一说,大事化小小事化了。

有段时间,上海电视屏幕上有一档"老娘舅"节目,"老娘舅"这个角色被滑稽演员李九松演得活龙活现,李九松跑进跑出,人家都叫他"老娘舅"。曾几何时李九松忽然淡出了,节目换了一批"人民调解员"上来,很多人就此换台不看了。

但要知道老娘舅毕竟不是家里人,当然也不是公家人,他只是个邻里街坊而已,捣捣糨糊可以,闹到打破头的事情,拍桌子瞪眼睛,要解决那就不是老娘舅的职责。那要谁来呢?那要"娘舅"出马了。

有人要说了:老娘舅和娘舅,不就差了一个字吗?说这话,就有所不知了。上海话当中,警察的代称很多,比如"条领"(因为警察领子上有条子,大致相当于普通话的"条子"),比如"大盖帽","娘舅"也是其中非常生动的一个。说得细一点,"娘舅"主要指代户籍警和交警,因为这两个警种属于国家机器里的"轻工业",被他们盯上没有什么大事。不过,"娘舅"和"老娘舅"不一样,他们不是和事佬,他们发句"条头",是有法律效力的。

有时候"老娘舅"碰到"娘舅",别看他们多个"老"字,不开软档还不行。有一次在报上看到张老照片,说的是"老娘舅"李九松90年代初驾车被"娘舅"拦下来,"老娘舅"看见"娘舅",只能乖乖交罚款。"娘舅"看到"老娘舅",当然也蛮开心,可公务在身只能公事公办,那各自的表情,实在好笑。

我居住在黄浦区,有时难免要和"娘舅"打打交道,黄浦江边的丰记码头街就是我常去的地方。没有别的原因,和"老娘舅"李

老娘舅、娘舅和爷叔、老爷叔

九松情况差不多,交通违章了,到那里去交罚款,黄浦交警在丰记码头街办公。自从交通大整治,"娘舅"忙得不得了,丰记码头街要一早过去等开门,好不容易拿到一个号,保安说了:起码等到11点。左右没事,就去周边转转吧。转到外马路一看:哟!"娘舅"家隔壁,居然是"爷叔"的码头,原来此处还有"白相人爷叔"黄金荣的仓库。

和警察的戏称"娘舅"相比,"白相人"的戏称"爷叔"就不那么好玩了。要知道家庭矛盾十有八九都是因为经济原因,闹到警察那里,无非是调解一下。但要是闹到黑道上去,那就不一样了。中国的传统,和舅舅亲,我认为经济因素很重要。因为娘舅再怎么说,是外姓、外人,之所以有公信力,因为他本人并不参与财物的分配,所以说话有分量。爷叔就不一样了,传下来的祖产,有几个爷叔就要分几份,虽然是同姓,但却是经济上的对头。用"爷叔"来对应"白相人",那是老上海人的黑色幽默。

丰记码头街转一圈,肚子倒饿了。一段时间我还是挺喜欢跑到丰记码头街来找"娘舅",没有别的理由,就为了吃一碗老爷叔的面。当年的丰记码头街60号,黄浦交警支队贴隔壁有一家老面馆,叫什么名字我不知道,也许从来就没有过名字。一个老爷叔、一个老阿姨的小生意,老爷叔掌勺,老阿姨冲热水瓶,有没有营业执照我都不知道。房子是那种南市区的街面房,面是上海本帮口味的家常面,单个浇头只要几块钱,十几二十块钱能吃到撑了。我尤其喜欢其中一味"墨鱼塞肉",上海其他地方见不到。

到老爷叔的老面馆吃碗面,似乎成了交罚款之外的额外奖赏。娘舅也好,老娘舅也好,爷叔也好,老爷叔也好,面,总归要吃的。老爷叔这里一碗面吃好,上楼去"娘舅"处缴罚款。

丰记码头街小面馆（2016年摄）

可惜，老爷叔面馆已经消失了，交通违章罚款可以网上支付，只要下载个App，罚单可以自动销账，丰记码头街不用专程去了。

也好。

也谈上海人的"头势"

上海人对发型（也叫"头势"）的考究，由来已久。1947年蔡楚生、郑君里导演，白杨、陶金、舒绣文、吴茵等主演的现实主义电影《一江春水向东流》，其中有两场很短的戏，就是通过"理发"来表现人物的变化。

陶金扮演的夜校老师张忠良千辛万苦跑到重庆投靠旧相识王丽珍，落下脚先去剪头发，他关照剃头师傅："不要这飞机头，梳平，梳平。"一段时间过后，他耳濡目染大后方的一切，自甘堕落，决心和光同尘，再次来到原来的美发厅，这次他的要求是："高一点，高一点，看个大花嘛。"短短两句台词，人物的变化已尽在其中。

在上海，理发师傅是受人尊重的职业，得罪他们是要付出代价的。在《一江春水向东流》上映的同一年，还有一部桑弧编剧、黄佐临执导，石挥、李丽华主演的电影《假凤虚凰》，影片中有位理发师杨小毛，阴差阳错冒名顶替富家公子和华侨富翁的女儿结婚，由此展开一系列剧情。剧中对理发师的职业特点有一些夸张的表演，惹怒了上海滩上的"小剃头"，受到上海理发业工会的抗议，一度组织上百名理发师在大光明电影院门口示威，电影公司不得不出面道歉，改编部分情节后方才重新公映。

闹得凶的时候，女主角李丽华不敢到定点的嵩山路"白玫瑰"做头发，转到一家犹太人开的美容院，出入都要丈夫张旭谱陪同。而男主角石挥也改换到华龙路（今雁荡路）的罗宋美容院，笑称不敢得罪理发师，"要不然把我眉毛剃了"，并表示要"火烛小心"。不料此语一出，人家又不开心了，理发业工会表示："我们做生意归做生意，据理力争归据理力争，绝不会有越轨行动，石挥先生您火烛小心，实属多此一举……"

上海人对"顶上风光"如此看重，相应的，高级美发厅也多。位于淮海中路常熟路的"红玫瑰"虽然也如不少人说的，属于"大人家"，但在传统上仍算不上顶级。1993年上海曾公布"特级理发店"名单，名列"超特级"的有黄浦区的新新、华安，静安区的南京和卢湾区的沪江。这四家美容院在当时享有更高的荣誉，用足球来类比，相当于"中超"。徐汇区两家最高级的美发厅是紫罗兰和红玫瑰，属于"特一级"，相当于"中甲"，和静安的百乐门、卢湾的白玉兰、虹口的香港、南市的菊花等一个级别，当然也很了不起了。

但"红玫瑰"在上海人心目中有其特殊地位，一定程度上也是得益于电影。仲星火主演的电影《今天我休息》中就有"红玫瑰"，门口还出现了中队长。而真正让"红玫瑰"出名的，是1962年王丹凤主演的喜剧影片《女理发师》。为拍好这部电影，王丹凤特地到南京西路的南京理发店，跟随名师刘瑞卿先生学习，经过一段时间的训练，一招一式功架十足。刘瑞卿是上海滩著名的理发师，当年阮玲玉的发型，就由他一手打造。

但《女理发师》的拍摄并未放在南京理发店，而是放到了当时位于常熟路165号、淮海大楼（原名恩派亚大楼，Empire Mansions）沿街的"红玫瑰"，并临时改名"三八理发店"，很多经典情节就在这里展开了。

"红玫瑰"原名庚新理发店，创办于1936年。据说最早的位置就在现在淮海中路1352号，后搬到淮海大楼。在1948年的"上海行号图"上，"红玫瑰"的位置是在常熟路，60年代的电影场景也是在常熟路拍摄的，回到淮海中路则是在改革开放以后。

"红玫瑰"开在"梧桐区"的淮海中路，而当年南市老城厢中华路近复兴东路的菊花美发厅也很有历史，值得详细说一说。

南市老城厢的理发业起源很早，清朝强制蓄辫，传统的理发叫"剃头"，一把木制剃刀悬挂在门前，人们知道这里是整理仪表的所在。民国以后西风东渐，辫子剪了，对发型的要求也多元化起来。原来挂剃刀的地方，改用电动三色滚柱，据说蓝白红三色是借用了法国国旗。南市最早的新式理发店是民国二年（1913年）开在露香园路的泰记理发店，当然现在已难寻踪迹了。五四运动后女子也流行起短发，且女性更注重外形，愿意在头发上花更多的钱，理发业迎来大发展机遇。菊花美发厅原名菊花理发店，是1950年创办的，它和点心老字号乔家栅有着极深的渊源。

据说菊花美发厅的创始人原为乔家路上的小剃头，1950年在乔家栅弄乔家栅汤团店隔壁开了一家店面，因手艺高超而生意兴隆。店主崔健人模仿菊花形状首创菊花式发型，受到中青年妇女的喜爱。

原来这只是家无名小店，因为有独创的发型，所以店名就叫"菊花"。菊花理发店和乔家栅可说是如影随形，1956年乔家栅搬迁到老西门中华路1460号，第二年菊花理发店也跟了过去，地址在中华路1450号，其实是贴隔壁。搬到老西门后菊花理发店坚持女式为主的特色，除赖以成名的"菊花式"，还开发出"日本式""骑士式""蘑菇式""螺旋式"等多种新潮发型。改革开放以后更拓展业务，纹眉、焗油、按摩、美甲等一应俱全，名字也从"理发店"改成了"美发厅"，档次更高了。

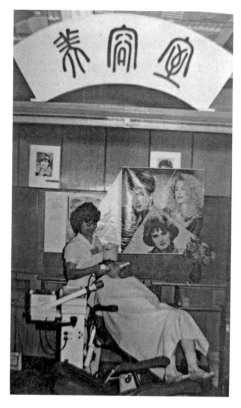

菊花美发厅美容室

各家美发厅都有自己标志性的人物，菊花美发厅也不例外。他们的朱凤云师傅在七八十年代曾四次获得上海市三八红旗手称号，在南市区的名气绝对响当当。朱凤云家住卢湾的淮海中路街道，2019年黄浦区举办寻根主题活动，朱凤云展示了自己获得的奖状和奖章。回忆在菊花美发厅工作的历史，朱凤云说："当时我在南市区的菊花理发店工作，考出了理发一级技师，在腰部患有疾病的情况下，带病坚持工作，并做好教学辅导……"

随着社会的变迁，上海美容美发行业也面临巨变。虽然人们比以往更注重发型，但传统美发厅已不是年轻人的选择。曾经的菊花美发厅，已经消失了。

上海人的"派"和"派头"

现在上海的剃头店越来越有趣了,前两天有位老师去理发,发现一家理发店叫"派头",英文名字叫Party Head Barbers,一看名字就知道很有创意,专门为参加party整理你的head,当然结账相信也是party级的。中文叫"派头",可说是信达雅兼具。由"派头"二字,不免说起上海话中这个"派"字,真是随处可见又到处可用,"派"得上大用场,今天不妨就来说说上海话中的"派"字好了。

"派"在古代汉语中是三点水加一个"辰",是个显示水流的象形字,脉搏的脉字,以前写作"脈",和"派"字是同一个源头,分支的意思。毛主席诗词中有一句"茫茫九派流中国",这里的"九派",说的是长江的九条支流。皇甫冉《送李录事赴饶州》诗中说:"山从建业千峰远,江到浔阳九派分",就是这个意思。由"支流"的原意引申出分支、流派的意思,京剧有马派谭派梅派麒派,人有时会被分成保守派和激进派,又或者一不留神在某某手下工作,就成了"某派",甚至生在某个阶层的家庭,天生就在某个派里,想逃都无处逃。你说"派"字厉不厉害呢?

长江的"九派"中没有黄浦江,但它也是一"派"。上海滩和"派"字的缘分,自是极深。当年英国人来到上海,闲来无事在现在河南路南京路附近建抛球场自娱自乐,进而辟出一条小路直通黄浦江边,这条小路后来成为"中华商业第一街"的南京路,最早的名字叫"花园弄"(Park Lane),也叫"派克弄"(Park Lane也叫Garden Lane,如果用garden这个词,"派克"的名字就无从叫起)。南京路热闹起来以后,老外的娱乐中心西移,在今天人民广场和人民公园的位置建造跑马厅,玩得不亦乐乎。跑马厅对面的马路叫派克路(Park Road,今黄河路),黄河路南京西路口的国际饭店,英文名叫Park Hotel,直译就是"派克旅馆"。

"派"字在上海话中读"pa",用在句中一般是第三声,用在句首则常用第一声,"派克"两个字,如果用普通话来读,平平无奇。如果用上海话读,先来一个类似于"啪"的开口音,接一个入声字"克",真是奇峰突起,很有韵味,和英语读音非常像。以前人用的自来水笔,大多是舶来品——美国"派克笔"(Parker),到了秋冬季节,上海人喜欢穿一件"派克大衣",既防风又保暖,比臃肿的羽绒服实用得多。"帕克大衣"就是英语中的Parka,如果翻译成"连帽防风大衣",那就显得太普通了。

英语中带"Pa"的音,对应到上海话中多用"派"字。如Pass,上海话叫"派司",含义很多。通过叫"派司脱"(或简称"派脱"),没通过则是"被派司脱"了。护照身份证通行证,统一都叫"派司",没有这张"派司",门口不让你"派司"。踢足球打篮球,传球也叫"派司"。以前上海的足球队、篮球队,讲究技术和配合,球迷看运动员在场上"派来派去",看得津津有味。现在都是高举高打的力量型打法,生吃硬抗,不好玩。"派司"玩得好,要有来有往。生活中工作中常见一些"派司"高手,任何事情到他手上,反手一"派",pass给了下家,普通话叫"甩锅",被这些人坑进的,叫"接盘侠"。

上海话中的"馅饼"也叫"派",英语中对应的词是pie。苹果馅饼叫苹果派,奶油馅饼叫奶油派。这个词在1949年前就有,后来逐渐在上海人的日常生活中消失了。在吃粮吃油吃糖都要票证的时代,想要吃一份饱含馅心的"派"何其奢侈,以至于改革开放以后,当西饼店重新推出apple pie等产品时,一度用的是香港人的音译"批"。好在随着上海人生活条件不断改善,馅饼成为餐桌上的日常,"派"字又回到了上海话当中。

上海话中"老"字用得很多,听到"老派"两个字,最好不要望文生义,认为就是和普通话一样。上海人把怀旧的人叫"老派人",没错。但"老派"还有一个意思,即公安局和公安民警。上海人大多遵纪守法,面对刑警的机会很少,人们能接触到的警察,多是派出所的户籍警。"派出所"是从日语中来的外来语,是社区中的警察机构,交道打得多了,上海人亲切地把派出所和户籍警称为"老派"或"老派里",进而"老派"成为整个警察系统的代名词,只要是公安民警,都可以叫"老派"。还有一个上海词,叫"派派",大致意思相当于"好歹"。比如:派派侬也是上海人,意即"好歹你也是上海人"。这里的"派派",我想意思是退一步说,你是被"派"的,支流的,被动的,但总还算是某一类,多少应该有这一"派"应该有的样子。"派派侬也是上海人,哪能介武腔,弄到老派里去了?"请翻译一下。

上海人的"派"和"派头"

说了那么多"派",回过头去说上海话中的"派头"。把"派头"翻译成"Party Head",当然只是商家的噱头。"派头"两个字是外来语,对应的英语单词是"pride"。很多时候,人们误解了"派头"的意思,把它理解成慷慨,甚至夸张到张牙舞爪的地步,其实"派头"就是pride,自豪,骄傲,尊严……有很多美好的汉字可以用来翻译这个词,但我就喜欢"派头"。派头可以用来"掼",但"掼派头"是没有"派头"的,丑丑掼掼,不成体统。

有时候,派头是深沉、内敛的,只要一个动作或一个眼神,派头尽在其中了。

长亭外的弘一法师李叔同

早上出门听广播,音乐台正在播放朴树演唱的《送别》:"长亭外,古道边,芳草碧连天……"这首歌有很多版本,最著名的是童声合唱,因为本身就是学堂乐歌。朴树的版本稍微改了改调门,听来别有风味。

谈到《送别》这首歌,朴树说过这样一句话:"如果《送别》的歌词是我写的,我当场死那儿都可以。"他对这首歌的喜爱,以及对《送别》的作者弘一法师李叔同的崇拜,由此可见一斑。

弘一法师李叔同红了很多年,他的故事我不想多费笔墨。如今信佛的朋友不少,手上戴串佛珠、开口闭口阿弥陀佛,他们特别喜欢谈李叔同,喜欢把"悲欣交集"这句话挂在嘴上。或许他们把"悲欣交集"和"悲喜交加"的意思搞混了。

李叔同的一生,"半世文人半世僧",只要是他涉足的领域,全都开一时风气之先,做到了极致。论才华,他天生神童,七岁能熟读《文选》,琴棋书画无一不精,公认是津门第一才子。论音乐,他是中国近现代音乐的启蒙者;论美术,他又是中国现代美术的先驱;论戏剧,他是中国话剧艺术的奠基人;论书法,他自成一格;论教育,丰子恺、夏丏尊等都是他的学生;论前卫,他绝对惊世骇俗;当名士,他是真名士。后半生出家,中国内地佛教以禅宗和净土宗为主,弘一法师皈依的是持戒最严的律宗,照样成为一代宗师。前半生华枝春满,后半生天心月圆,这是他的开挂人生。

在他所有的作品中,《送别》可能是影响力最大的。这首歌的原曲是美国歌曲《梦见家和母亲》,由约翰·奥德威作曲。李叔同的词,长短句结构,语言非常精炼。和唐诗宋词相比,相同的是意境高远、情绪深沉,不同的是并不拘泥于格律,更适合当代人传唱。这首歌名为"送别",也确是李叔同有感而发,这是他和当年上海"天涯五友"之一、也是他最好的朋友许幻园告别时的感伤之作。

李叔同1898年奉母从天津移居上海,最初住在法租界的卜邻里(旧址在今金陵东路)。翩翩浊世佳公子,很快李叔同就参加了以切磋诗词文章为宗旨的城南文社。李叔同第一次参加聚会,作文就拿了第一名,很快他和张小楼、蔡小香、袁希濂、许幻园等惺惺相惜,义结金兰。

城南文社的领头人是城南草堂的主人许幻园,因为许家最有钱,有一座大宅"城南草堂"。1899年,许幻园把城南草堂中的一部分让给李叔同居住,李叔同在这里一住就是六年,直到1905年母亲王氏病逝,才携眷护柩回天津,离开上海,也离开了城南草堂。李叔同的众多作品是在许幻园家创作的,三个儿子(其中一个夭折)都是在这里出生的。让一个朋友在家里一住就是六年,这份情义,如今的都市人已经很难想象了。

无奈人世变幻,民国建立以后政局变动,许幻园家遭遇变故,家财散尽。1914年李叔同正好来到上海,当时许幻园已经穷困潦倒,还是赶去看了老朋友。但许幻园并没有进门,只是在门外喊出李叔同,说道:"叔同兄,我家破产了,我们后会有期。"说完,挥泪而别。

　　当时正是隆冬天气,大雪纷飞。李叔同返回屋内后创作了这首《送别》:"长亭外,古道边,芳草碧连天……问君此去几时来,来时莫徘徊。"1926年,许幻园和老友在上海又一次相聚,当时李叔同已经入佛八年,许幻园则容貌枯萎身居陋室,当年的城南草堂主人,沦落到替人抄书糊口。两位挚友再度相逢,无限唏嘘,唯有感叹人生如梦。1929年,许幻园病逝于上海大王庙。

　　听了朴树的《送别》,读了李叔同和许幻园的故事,我很好奇当年许幻园的城南草堂究竟在上海什么地方呢?经查找资料得知,原来城南草堂的旧址,在今黄浦区老南市大南门外,薛家浜路和青龙桥街的交叉口。趁着半天的空闲,我从老码头信步走到多稼路,心心念念,就想去凭吊一下《送别》灵感的来源、李叔同和许幻园友谊的见证:城南草堂。

　　然而当我按图索骥来到薛家浜路时,一切都已经没有了。不是城南草堂没有了,而是一切都没有了,连后来把城南草堂覆盖成普通民居的房子,连带"青龙桥街""青龙桥后街"等等路名,全都没有了。相当大的一块区域,已经旧貌换新颜,没有老房子了。

　　当年是县城外风光旖旎的草堂,将来是南外滩高耸入云的巨厦。或许这就是上海这座城市的变化。

　　"长亭外,古道边,芳草碧连天。晚风拂柳笛声残,夕阳山外山。天之涯,地之角,知交半零落。一壶浊酒尽余欢,今宵别梦寒……"谁能想到，这曾经是上海的景色。谁又能想到在这样一片瓦砾中，曾经有过多少文采风流，多少长吁短叹，多少兴衰荣辱，多少生离死别……

　　许幻园的结发妻子宋贞病故后，李叔同曾为他的画作题词："人生如梦耳，哀乐到心头；洒剩两行泪，吟成一夕秋；慈云渺天末，明月下南楼；寿世无长物，丹青片羽留。"真是道尽人世之无常。

"海盐好人"在上海

位于上海市黄浦区的打浦路303弄内有一所学校：中华职业学校，由爱国人士黄炎培先生等创办于1918年，原址在南市陆家浜路，后几经辗转在打浦路恢复办学。中华职校之前，打浦路校舍属于打浦中学。这所学校并非重点学校，但历史上曾有位校长冯之盛先生，却是位了不起的人物。他是浙江海盐名门之后，一生为教育事业奉献，捐钱捐物，到人生终点，把自己的遗体也捐了出来，打浦中学的老校友提起冯之盛校长，依然十分感动。

冯之盛先生是浙江海盐人，说他是名门之后，绝非溢美之词。他的祖母张元淑是中国近代著名出版家、教育家、爱国实业家、曾任商务印书馆董事长的张元济先生的妹妹。张元淑适同乡冯氏，有二子，冯之盛的父亲是老大。冯家男丁不兴旺，张元淑的先生和两个儿子去世都很早，家里三位寡居的未亡人守着一份家业。冯之盛父亲死得早，张元济的孙女张珑在回忆自己家这门亲戚时这样写道:"那时候上海的酱园大多为海盐人所经营,冯万通酱园就是他们家开设的。大伯伯仅留下一子冯之盛,是个十分老实正派的人,终身从事教育事业,是上海一所中学的校长。"

冯之盛于1917年出生,1947年毕业于上海沪江大学社会学系,从此开始从事教育工作,在多家中小学任教员,上海解放后担任启秀女中教导主任、校长。启秀女中1905年建校,1938年从闸北搬到霞飞路(今淮海中路),该处校址曾是孙中山上海行馆,现已是文物保护建筑。启秀女中后改名十二中学,学校于80年代搬到思南路皋兰路,校名一度改回启秀中学,现为向明中学初中部。

从1951年起,冯之盛开始为教育事业捐钱捐物。他将获得的遗产100两黄金捐给启秀女中,盘下一幢楼房,使学校增加了9个教室、1个音乐室和1个实验室,还买下空地作为操场。1964年,他和叔侄3人联名代表冯家后裔致函海盐县人民委员会,将浙江海盐县城里的祖宅绮园(1990年被誉为全国十大名园之一)捐赠给人民群众作为休息活动场所。

后冯之盛被调到打浦中学任校长,改革开放以后,他把母亲落实政策得到的8万元全部捐献给打浦中学,建设电化教室。退休后他创办卢湾老年大学,又把母亲留下来的7 000元存款作为校长基金,担任老年大学校长期间每月的聘用费分文不动存入校长基金,到1994年时共存入1.4万元。冯之盛平时生活勤俭简朴,但遇到有困难的学生,经常慷慨解囊。2000年去世前,他立下遗言将一生积蓄10万余元全部作为党费上缴,并捐献遗体,把自己的一切捐献给了教育事业。

如今冯之盛先生已去世多年,冯万通酱园、启秀女中、打浦中学等这些名字,都成了历史名词。冯之盛先生用自己祖辈遗产、母亲落实政策的款项以及自己省吃俭用存下来的存款所建造的校园、操场、教室等，大多还在使用，而冯之盛的名字，知道的人却不多了。很多见过冯之盛校长的老校友建议，应该为他建一个纪念物，一块碑、一块板、一张照片，都好。

冯之盛校长的高风亮节，很大程度上来自他的优秀家风。海盐冯氏从高祖冯玉庭先生开设广盛酱园开始起家，第三代冯缵斋（也写作"赞斋"）于清同治年间来上海，在南市集水街（今东门路）开设冯万通酱园，以"三伏晒油"闻名。冯万通酱园在上海传承几代，1956年时年产酱油2 000吨左右，公私合营后称冯万通酿造厂，后并入上海酿造七厂。冯缵斋有四子，冯之盛的祖父通伯是长房，三房和叔的儿子冯树模先生，在上海也是鼎鼎大名，他是新华医院儿科的大家，在医生和患者的心目中，是位淡泊名利的老人。

论辈分，冯树模是冯之盛的叔叔。冯家叔侄"淡泊名利、低调内敛，热爱祖国，无私奉献"的精神，有口皆碑。冯树模教授1912年出生，1940年毕业于圣约翰大学，后赴美国宾夕法尼亚大学进修，1951年回国，担任上海广慈医院（今瑞金医院前身）儿科副主任和同仁医院儿科主任。1955年上海第二医学院在国内首创儿科医学系，冯树模是首任临床儿科教研室主任。1958年新华

90年代时的冯树模

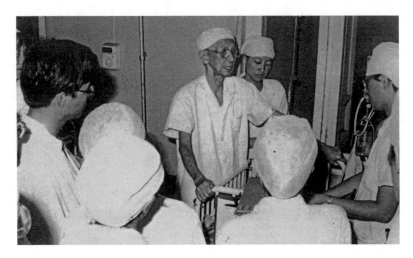

20世纪七八十年代，冯树模教授在新华医院查房（新华医院摄影室摄，陈惠金供图）

医院成立，他调往新华医院担任首任儿内科主任兼儿内科教研室主任，一干就是几十年。

冯树模博览群书，其精湛的医术为医学界所称颂。谈起为什么回国，他说回国是因为思念祖国，他要将自己学到的医学知识带回来。在动乱年代，他曾作为"反动学术权威"而受到不公正待遇，但他始终保持乐观，除参与将冯家祖宅绮园捐献给国家外，冯树模教授还曾将落实政策后一笔不小的发还款，全部捐献给全国绿化委员会，支持祖国的环保建设。

冯教授热爱体育，2008年奥运会男子乒乓球赛转播，96岁的他看到中国运动员的良好表现，高兴地说了声"打得好啊"，就此带着对中国健儿的赞许离开了世界。冯树模教授的学生、年近九旬的儿科界前辈吴圣楣教授谈到老师，感动地说："应该将冯家的优秀事迹进一步发扬。冯教授有许多光和热还未被大家发现,我们有责任尽心尽力发扬。"

　　一个家族一对叔侄淡泊名利、终身奉献的人生故事,体现了海盐人家的优秀家风。冯家叔侄的事迹不应被世人遗忘。

上海人过年十样景

如今过年的气氛也太平淡了！作为一名七零后，我的青春岁月正好和国家改革开放的历程同步，眼看着这40多年来，过年的民俗由封闭到开放，再由放纵到冷漠。印象最深的，还是80年代，那时国门初开，风气活跃。人，对于传统和现代，都是一知半解，民国时代过来的老一辈还在，一心要建设"四化"的年轻人朝气蓬勃，无论旧俗新规，都有一种"想到哪里算哪里"的锐气。如今上海人津津乐道的"过年习俗"，多是80年代的人根据自己的想象，结合口授心传的"老法"创造出来的。想了想，大概有这么十件事，是那个时候过年必做，也流传至今的。

剃　头

据说正月初一到正月十五期间不能剪头，大家早早都要去处理

"头"等大事。偏偏一班阿姨、师母，也要赶在年前烫头焗油盘大花，剃头师傅的宝贵时间她们一占就是几个小时。我小时候的头，经常是我父亲剃的，因我父亲在部队服役期间曾经学过剃头，家里还有一只"铰剪"，于是就土法上马自己干了。我父亲剪头的手艺不错，有一次技痒还给我推过一个板刷头，要知道在80年代，"小平头"时髦得很呢！

沐 浴

老底子冬天洗个澡可麻烦了，家里洗太冷，后来不知谁发明了"浴罩"，高级的还能开门。其实就是个大塑料袋，罩住可怜的一点蒸汽不让散发。过年时总要到浴室去一趟，常去的是建国路上的双龙池。在浑浊如高汤的池子里泡得皮肤通红，一年的晦气似乎也烟消云散。羡慕大人能擦背，小孩儿只能自己用丝瓜筋搓搓"老垦"。盼着盼着总算到了可以找师傅擦背的年龄，家里装了热水器，洗澡成了例行公事完成任务。老式的浴室，不见了。

洗洗晒晒

过年之前总要洗洗晒晒，猜测意思就和要洗把澡差不多。偏偏以前的冬天比现在冷得多，洗衣机也是很晚才有。年前洗回衣服是很考验人的。那个年代每个人的耳朵、双手和双脚都会生很多冻疮，冷水再一激，绝对痛苦。冻疮最难受的是一双脚。脚趾、脚跟处冻开了，袜子棉鞋一焐，奇痒无比。偏巧要是碰上"邋遢年"，春节下雨下雪，那可真是够受的。

备年货

我们小的时候还是计划经济时代,计划到什么程度呢?每月吃几斤粮食几斤油都是国家说了算,到过年法外开恩,允许买些年货。那时我家有六口人,算是"大户",可以比"小户"多占一点社会资源。而且我父母是教师,有寒假,所以年前有充分的时间准备,磨水磨粉、舂黑洋酥、浸糯米、泡笋干、切年糕、做蛋饺、包百叶包、腌咸肉、蹄髈拔毛、发香菇、熬猪油、炒瓜子……还有啥?

吃年夜饭

一顿年夜饭,忙活好多天。上海人的年夜饭有点什么内容,各种文章写了很多,我就不重复了。我最想念的有这么几样:一是方腿,估计现在小朋友都不知是什么了,那时可是很稀奇的美味。好的方腿能吃出精肉的纹理,那必须是淮海路全国土特产商店的出品。二是大黄鱼,每条起码一斤以上的那种。和咸菜一起烧汤,那是至鲜美味。如今大黄鱼已经灭绝了,市面上所谓的"东海大黄鱼"都是黄姑鱼,看着像黄鱼,鲜味则完全没有。三是我们家的一道甜汤。因我家老人嫌买来的蜜饯有色素不干净,所以我家自制的八宝饭永远只有猪油糯米和豆沙,然后把蒸好的豆沙糯米饭放进酒酿水果羹里拌着吃。这算我们家的一种独创吧。

贴春联

过年春联是必须要贴的,最早贴的都是革命口号,什么"继承革命传统，发扬爱国精神"之类。后来"封资修"的东西就多起来了，什么人增岁月天增寿啊，什么福如东海长流水啊。以前印刷品属于奢侈品，人对机器特别崇拜。谁家要是有印刷的春联，特别有面子。一般人家就裁几张红纸请人写。某年春晚不知谁说"福"字要倒过来贴，寓意"福到"，很多人家深信不疑，到现在还经常能看到倒贴的福字。那时候老先生老太太的封建余孽说一万句，不抵电视上"移风易俗"说一句。如今世道又变了，印刷的春联到处都有，反倒是手写的更显出诚意，要是哪位高僧大德或是名家的墨宝，那就更不得了了。

放炮仗

我家是例不放炮的，老人觉得积德行善比什么都重要，放炮给别人制造噪音，自己也有炸伤的风险，所以炮仗是不进门的。小孩看到人家放炮仗，自然心里也痒痒，但无奈家规如此，也是无如之何。偶然从邻居家弄到两只小炮仗点一点，也没啥大意思。后来上海规定外环线内一概不让放炮，没了这个声音我倒担心有点太冷清。放炮仗肯定属于陋习，但禁止愚夫愚妇行愚事，正是世上最吃力不讨好的事情，所以还是晚上看动静吧。

祭老祖宗

80年代时祭老祖宗还不能大鸣大放，得偷着来。所以我找到的祭祖照片，是美国记者1946年拍的。江浙一代的人，祭祖特别认真，据说还是宋朝衣冠南渡带过来的。我家祭老祖宗总是一张八仙桌，鸡一只，肉一方，鱼一条，其他荤素菜肴若干。黄酒筛三巡,响头磕几个。孔子说"祭神如神在",真是这样,大人三令五申:整个仪式中桌子椅子绝不能碰,怕惊扰先人用餐。祭祀仪式结束,酒菜要拿到灶上放一放算重新烧过,这才能吃。烧锡箔那时也不敢在外头,家里叠一些元宝,找个破面盆在里头化了。家里烟雾缭绕,有好奇的邻居探头探脑,老人还要装作若无其事的样子:"没啥没啥,生煤炉。"要知道如有马列主义老太太到居委会去"反映情况",还挺麻烦的呢。

压岁钱

小孩过年除了吃,还有红包可以拿。我们小时候的行情,从三块五块,发展到十块,维持了一段时间。一般压岁钱都会交给父母,由大人"代为保管",那就和我们没什么关系了。最开心的是有些亲戚朋友把红包直接塞孩子口袋里,当然名正言顺占为己有。最讨厌有些人和父母说:"我们孩子一般大,就塌皮算了。"他这么一说,我的一笔收入就这么被"塌皮"掉了。

春　晚

那时看个春晚可是件隆重的事情,因为平时电视里看不到什么好节目,一年到头就盼着来个大联欢。早期春晚那些节目基本都能背出来。到年初一或年初二,电视台重播春晚,还要再看一遍细细回味。春晚的没落大致是从90年代开始的,电视机换成彩色,但对电视的神秘感却没有了。罗大佑有首歌这么唱:"彩色的电视越来越花哨,能分辨黑白的人越来越少",诚然。

关公磨刀日和上海的关帝庙

每年农历五月十三,是老上海传统的"关老爷磨刀日"。《三国演义》中关羽使用的兵器是青龙偃月刀,但有学者考证,后汉三国时代使用的主要兵器是矛或枪。关羽著名的战功"斩颜良、诛文丑",《三国志》里写的是:"羽望见良麾盖,策马刺良于万众之中,斩其首还",此处用的动词是"刺",显然关羽不是用刀,待颜良倒地,才用刀砍脑袋,拔的是腰里的佩刀,或环首刀。不过关羽死后封神,甚至佛教都封他为伽蓝,官方的形象是坐在交椅上,手拿一本《春秋》,关平、周仓站立两厢,要是"还原历史原貌",把青龙偃月刀改成矛或枪,有点不成体统。

上海南市老城厢有几座关帝庙,其中人们最熟悉的是大境阁。位于大境路人民路上海古城墙遗址的关帝庙,准确的名称应为"大境关帝殿"。明嘉靖三十二年(1553年)上海建筑城墙,当年的上海城墙周长九华里,北城有万军、制胜、振武、大境四座箭台,后改建四庙，大境关帝殿是其中之一。万历年间开始供关帝像，主供关圣帝君，两侧供奉财神、月老。此后明崇祯年间、清雍正和乾隆年间均加以重修，蔚为壮观。清嘉庆二十年（1815年）改建三层高阁，清道光十六年（1836年）东首增竖牌坊，苏松太道总督陈銮题额"大千胜境"，后又增建熙春堂。

进入近代，大境关帝殿命运多舛，迭遭战火，相当长一段时间未能得到妥善保护。20世纪80年代，关帝殿为小北门街道大境电池加工厂车间，"飞楼压城坳，雉堞屹环堵；下临竹千竿，风来势飞舞"的诗情画意，只能存在于人们想象中。关帝殿和古城墙一道重修是在1990年，而恢复关帝庙的功能并作为旅游景点开放，则是在1995年。

大境阁

如今大境阁的关帝庙已成为上海的旅游景点，也是上海道教协会所在地，来往游客络绎不绝，重修的古城墙上悬挂着"国泰民安"的旗幡。在关帝庙内，有一座"信义千秋"砖雕，细心的游客发现代表关羽精神的"义"字的繁体字"義"，少了一撇。时常有导游向人们介绍："少写的一撇，寓意为了义气，可以舍身忘我。"

除了大境阁，还有两座关帝庙，知道的人不是太多，但钩沉索隐，仍能找到一点蛛丝马迹。复兴东路955号曾有一座关帝庙，又称武庙，历史也相当悠久。

复兴东路关帝庙的历史可以追溯到清雍正八年（1730年），该庙最早不在复兴东路，而在东门内安仁里老天主堂（今梧桐路世春堂旧址）。世春堂原为豫园建造者潘允端所有，修建于明嘉靖三十八年（1559年）。明崇祯十三年（1640年）意大利天主教传教士潘国光得徐光启孙女之助购得此堂，改为天主教堂，取名敬一堂。1730年敬一堂被清政府没收，改为关帝庙。清咸丰十一年（1861年）西人索回老天主堂，关帝庙这才迁到西门内海防厅原址（即今复兴东路955号）。也就是说，如今位于梧桐路的世春堂（敬一堂）旧址，在一百三十来年的时间曾经是关帝庙。

搬到复兴东路（原名肇嘉路）的老关帝庙原占地五亩，庙东为万寿宫，宫后为官厅，自清末迄于民国屡经修缮，是当时上海西城的巨刹。民国年间改为护国禅寺，但"关帝庙"名称还在。当时的海上闻人黄金荣等担任庙董，据南市老居民回忆，老关帝庙煮饭剩下的饭焦（锅巴）会煮成稀粥供衣食无着的贫民食用，至今仍传为美谈。

抗战期间复兴东路关帝庙遭遇战火，到1945年附设护国义务小学和护国诊所。1954年庙废，庙屋大部分归学校使用，部分归医院。1956年护国小学改称邑庙区复兴东路第三小学,即今复兴东路第三小学。护国诊所改组为邑庙区联合诊所,后改名小北门地段医院。后来医院和学校先后改建新屋,关帝庙的踪迹,已无可追寻。随着金家坊、孔家弄一带旧里改造,恐怕连剩下的地址都会消失了。

另外,在上海老城的城外,即南市小南门外府谷街(原名佛阁街)靠近东江阴街(原名复善堂街),还有一座关帝庙。

笔者曾到府谷街寻访,大多数建筑已经封门。其中一幢坐东朝西的建筑,原来就是关帝庙所在。当时门楣上"关帝庙"三字仍在。此处关帝庙有何历史?暂不得而知,但在清末的地图上有标记。2020年4月,原有"关帝庙"字样已经消失。东江阴街府谷街一带

复兴东路关帝庙旧址,现为小学

已经征收,未来想必会建造新楼,新房客还供不供关老爷,可就不得而知了。

上海的城墙建于明嘉靖年间。民国肇建,上海县鉴于古城墙妨碍城市经济和交通,决定拆除城墙、填平城壕,修筑道路。工程从1912年7月开始至1914年竣工。只有一小段城墙留了下来,就是现在

府谷街关帝庙旧址(2021年摄)

的大境阁(大境关帝庙)。这段城墙能够保留,历史记载是因为士绅和市民的呼吁,但也有民间传说,说是关帝庙建在这里,在那个年代,没有人敢在关老爷头上动土。后来也有老人说,城墙拆除后20多年,"东洋鬼掼炸弹",没了城墙的保护,倭寇大摇大摆进来了,关帝庙也没了……当然,这只是民间相传罢了。

好在,大境阁关帝庙还在,"信义千秋"的砖雕上那个"義"字,下半部分的"我",那一撇还是少的。舍身忘我的义气,终究还在。每年的农历五月十三,还有考究的老上海人在过"关公磨刀日"。

虽然历史学家说关公用的兵器不是刀。

冬至何必搞得阴森森？

某一年冬至，有朋友约我晚上出去见一见，约的时候再三打招呼："冬至啊，你能来吗？"我是从来没有什么禁忌的，被朋友问得倒是有点汗毛凛凛，"我到底要不要来？"最终还是去了。

因为约的地点不远，安步当车去的。当时傍晚六点左右，天已经暗了但还没有全黑，路上有不少人烧锡箔，烟雾缭绕。一位出门遛狗的阿姨对同伴说："今朝冬至，快点回去，我关照阿拉儿子，绝对不允许在外头晃。"说着，朝我瞥了一眼，又急速望向远方，"冬至，冬至晓得伐？"阿姨的表情，好像看到了怪人，也许把我当成了什么不该看到的，都未可知。冬至啊冬至，本来只是个普通的传统节日，平白无故被人们搞得阴森森的，有句说句，冬至有那么可怕吗？

大概有近十年的光景，我工作日下班的时间是晚上十一点半，因为要等到深夜新闻结束才能下班，无论寒暑都是这样。冬至的晚上深夜下班，并不稀奇。晚上十一点半以后，我上班的地方出租车难叫，公共汽车的末班车也过了，那时候选择不多：等夜宵车，骑共享单车，或者就是走回家。回家的路上，难免会经过一些地方，比如，延安路高架和南北高架交界处的"龙柱"，不是有很多传说吗？再比如，重庆南路圣伯多禄堂周边，建国东路淡水路，解放前不都有墓地吗？还有，高架徐家汇路上下口，原来的法商水电厂，1949年可是被国民党飞机轰炸过的……在冬至的午夜时分走过这些地方，难道不会害怕吗？难道没有看到过什么吗？

然而并没有，从来没有。因为我始终相信冬至不是像很多人说的那样。冬至，一年中白天最短、夜晚最长的一天，却是一个很温暖的日子。我出生在上海的一个无锡人家庭，家里老人在世的时候，我们家保留了完整的无锡农村习俗。冬至是什么呢？冬至就是吃吃吃啊。清明和冬至是两个和老祖宗有关系的节日，无锡和上海一样，清明节要上坟，但冬至却不需要。过冬至只是在冬至夜（冬至前一晚）大鱼大肉地祭一次祖（无锡方言为"祝飨"，很有古风），祭好祖宗回回锅，就是一家人的团圆饭了。"有末吃一夜，没末冻一夜"，上海也有类似的俗语，说的是贫富差距，有点"朱门酒肉臭，路有冻死骨"的意思。一觉睡醒，到冬至的正日子，煮点汤圆吃一吃，这个节也就过了。

冬至前一天有朋友问我：冬至夜究竟指的是冬至前一晚还是冬至当天的晚上？我怕自己说错，特地询问了长辈。无锡人的冬至夜，指的是冬至前一晚，上海因为居民来自五湖四海，想必各地有各地的风俗，"五里不同风"，江南一带是这样的，所以人家怎么样，我也无从置喙。

"有末吃一夜"，吃些什么呢？前两天看到号称无锡"活历史"的华钰麟老人写的文章，说到无锡人传统的冬至晚餐有咸鱼咸肉，

冬至何必搞得阴森森？

最重要的是"冬至萝卜"。回想我家冬至的菜谱,似乎要更丰盛一点,毕竟先要祭祖,整条的鱼、整块的肉和整只的鸡是必须有的,还有一只记忆中难忘的大菜:一锅煮得雪白的蹄髈汤,没有火腿、没有笋,更没有青菜,只有一只在砂锅里煮了几个小时、皮酥肉烂的白笃蹄髈。扯下一块,蘸点熬过后再加入砂糖的酱油,在猪肉需要凭票供应的时代,这是嗅觉和味觉的至高享受。

不知从什么时候起,冬至过得越来越简单,也越来越阴森了。马路上很多人烧锡箔,大家彼此提醒:晚上不要出去。有人坚持冬至一定吃饺子,有人强调南方人一定吃团子,大鱼大肉好像不怎么受欢迎了。盼望着过年的孩子被告知"干净冬至邋遢年",他们暗自祈祷冬至能下几滴雨,那就可以过一个阳光普照的春节了,要知道那可是在寒假里啊。也有人挂起了"庭前垂柳珍重待春风"的"九九消寒图",数着日子等待春天的来临。

谁都不在乎冬至到底是个怎样的节日,总之烧锡箔就是了,总之晚上不要出去就是了,冬至和清明、七月半,到底有什么区别?没有人在意。可怜中国人的老祖宗,为钞票忙碌了一辈子,到了那边还不太平,不断有人"汇款"过来,也不知那些东西是不是硬通货,汇率怎么样?

我想,如果搞不清楚清明、七月半、冬至,也没有什么关系。与其自己吓自己晚上不出门,与其烧一些不知有没有用的锡箔造成空气污染,倒不如把清明、七月半和冬至,都过成一个普通的日子。在每一个普通的日子,都不要浪费自己的生命,过得有意义、有价值,坦坦荡荡。让自己过世的先人如果地下有知,也能为自己感到骄傲,至少不能让他们感到羞耻。

如此,则孤身走夜路,又有什么好怕的呢?

复兴公园乘电马的奇幻记忆

天气不冷不热,空气不好不坏,五月。

花,已开到荼靡。夏天,却姗姗来迟。这个季节是属于黄昏的,透彻、慵懒,风是柔的。这样的天气是属于漫步的,一天忙碌之后,安步当车地徜徉在人流车流之中,所有的烦恼都一扫而空,很惬意。就这样我走到了复兴公园。呀,如果说世界上果真有天堂,我想会是当年复兴公园旋转木马的样子呢。只不过那个时候还没有"旋转木马"这个名字,我们都叫它"电马"。

去复兴公园坐电马,虽谈不上是什么特别奢侈的享受,却是一种奖励,似乎是那个极度压抑的年代仅有的放肆。坐一次电马多少钱我忘了,反正每次都是大人带着去,并不需要我考虑预算问题。好像是那种绿色的筹子,闸门一开,孩子们奔向木马,跑得快的,都去抢外圈的马,因为坐在外圈旋转半径大,坐着过瘾。

我记忆中的电马是绿色的,碧绿。似乎关于那个年代的记

电马

忆,关于复兴公园的一切,都是绿色的。绿色的筹子,绿色的电马,绿色的草坪,绿色的湖水……只有复兴中路、思南路的房子是五颜六色的,红的是砖墙,黄的是拉毛墙……记忆中的电马很高,自己爬上去还有点困难。所以当我看到真实的电马照片时,自己都心生疑惑:怎么这么矮?怎么是彩色的?怎么……另外,电马当中应该有一个吹喇叭的红领巾雕塑,那个红领巾到哪里去了?

不知从什么时候起,复兴公园电马的位置造了大名鼎鼎的钱柜KTV,成为沪上一代年轻人的集体记忆,又莫名其妙地烂了尾。儿童乐园里有了一座五彩斑斓的旋转木马,缀满了俗气的灯光,一转起来,发出一阵嘶哑而高昂的音乐。就是这样,孩子们还是喜欢,我的孩子就喜欢那座恶俗的旋转木马。或许过了很多年以后,当她回忆复兴公园时,想起的也会是旋转木马,我眼里恶俗的,她脑海里温馨的。

上海早在20世纪30年代的大世界就有电马了,但现在人们回忆中的电马,是70年代末建造的。除了复兴公园,还有静安公园。两座公园的电马究竟谁更早?谁体量更大?你去问静安和卢湾的朋友,会有截然不同的答案。其实何须有什么答案,静安公园和复兴公园的电马都已经是回忆,就让它以最美好的形象存在于人们的记忆中吧。

我的好朋友蔡小犇老师七八十年代曾从事园林游艺设施建造，根据他的回忆，最早的旋转木马的马身真的是用木头削制的，有点简单粗糙。以后有了玻璃钢技术，换用为玻璃钢马身。难怪，记忆中的电马，坐上去凉凉的。

后来我去过世界上很多地方，见过很多旋转木马。印象最深的，是2016年在法国采访欧洲杯，巴黎街头有很多旋转木马。对于旋转木马，我是有点情结的，尽管只是工作之余的一瞥，我还是拍下了几张旋转木马的照片，塞纳河边的，大皇宫门口的……六月的巴黎时晴时雨，几乎每天都是乌云密布，巴黎留给我的印象，多多少少是灰色的。但有了旋转木马，一切就显得不一样，透过乌黑的云层，太阳在木马身上透射出一种独特的绚烂光感。我当然没有坐过巴黎的木马，说实话除了复兴公园的电马，我没有坐过其他任何

法国巴黎的旋转木马（2016年摄）

旋转木马,但我喜欢看那些坐旋转木马的人。"旋转的木马,让你忘了伤",看他们旋转,跳跃,奔驰,畅想……音乐停下来,你将离场,我也只能这样——王菲的歌。

上海的rap歌手Mc Banana(孙斌)前几年唱过一首沪语歌,名字叫《复兴公园》,歌里有这么两句歌词:"复兴公园侬今朝夜到兜一圈,绝对让侬舒意但要抽一拳……"

不是没有别的公园,但在我看来,复兴公园的地位是不可取代的。虽然淮海路有淮海公园,但那里以前是外国坟山,阴气浓重;黄浦江边有南园,但路途太远。上海其他公园也有好多,如长风公园、和平公园,甚至上海动物园等,也都各有各的意思。但那些都太遥远了,学校春游秋游才会去,去一趟太隆重。只有复兴公园,

复兴公园旧影

那么亲切，那么家常，就像你的邻居、兄长、朋友……

有那么些年，复兴公园和我们生活的城市一样，变得太多了！承载我们多年记忆的电马、露天游泳池，没了。靠近重庆路这一头因为造了高架，完全变了样。公园里多了儿童乐园，但小孩子似乎不爱来了。白天这里是爷叔阿姨的乐园，交谊舞、红歌、梧桐树下一杯茶，吹吹牛斗斗地主。放学以后，则有周围几个小学幼儿园的小朋友，他们拿出自己的滑轮、滑板，趁着黄昏还没有将城市吞没，跑着，叫着，滑着……

晚上，一度变得特别热闹，从官邸到Richy，从Park97到钱柜……这些地方不能说不好，钱柜，那也是一代人的回忆；Park97，克林顿吃过饭的地方。要是国营餐厅，可能也会得像绿波廊那样，寻几位记者写写文章，推个"克林顿套餐"斩斩游客。然而几乎是在一夜之间，这些营业场所都销声匿迹了，复兴公园又成了名副其实的"公园"，它又安静了。

就这样看着，想着，夜慢慢降临，仿佛听到妈妈喊我回家吃饭。这里没有复兴公园的电马，也不是巴黎。这里是新的复兴公园。在这样一个初夏之夜，旋转、跳跃、飞翔……一切都只是你的幻觉。

"喂！白相够了没有？好回去吃夜饭了！"那是谁家的妈妈，在喊他调皮的孩子？

半夜三更调查户口

　　滑稽表演大师袁一灵曾表演过一段经典的《调查户口》，大家比较熟悉的是他和李青的合作。这段戏极为经典，留下众多脍炙人口的对话，如"蜡烛油炒饭""辛梅酉""东扬宁人"等，已经成了上海人的方言密码。

　　半夜三更敲门"调查户口"，是滑稽舞台的经典片段。除袁一灵和李青，还有杨华生和张樵侬（徐双飞）在《七十二家房客》中演绎的另一个版本。这个段子历史悠久，最早有徐卓呆的滑稽小说《半夜敲门》，1929年徐卓呆、陆希希与张桂枝曾经录过滑稽唱片，其中就有类似"调查户口"的笑料。后来江笑笑在滑稽戏《火烧豆腐店》中也演过。

　　"调查户口"的始创者徐卓呆原名徐傅霖，号筑岩，别号半梅（槑）。早年东渡日本，读的是体育专业，因爱好文艺加入春柳社。回国后，参与创办中国体操学校，担任校长。又编写剧本、演出新剧、创作小说，还与人合作开电影公司，或编或导，有时还亲自出演，参与创作的电影有几十部之多，另有一部《影戏学》的专著出版，这是中国第一部电影理论著作。一个体育学校的校长，业余时间是作家，还时常参与电

徐卓呆

影表演，徐卓呆的"跨界人生"可算是精彩至极。

徐卓呆的创作虽然构思精妙，但"调查户口"的段子直到滑稽戏《七十二家房客》演出后才真正在上海市民中形成轰动。因为在1948年11月，上海真实地上演了一出"调查户口"的活剧，而且确实是半夜三更调查的。这是怎么回事呢？

1948年国民党政府在上海的统治已危如累卵，物价飙升，老百姓吃饭都成了问题。而另一方面，抗战胜利后上海人口数量飙升，上海究竟有多少人口？需要配置多少粮食？当时的政府心里并没有数。根据档案记载，1900年上海人口突破100万人，1915年突破200万人，1930年突破300万人，基本上每15年增加100万人，是当时仅次于伦敦、纽约、东京、柏林的世界第五大城市（亚洲排名第二）。如果按照每15年增加100万人的速度，到20世纪40年代差不多应该有400多万人，但抗战前后城市的畸形发展已经突破了这个规律。于是当局决定在1948年11月8日进行一次大规模的户口清查，同时换发国民身份证。

事前当局大肆宣传，甚至动用飞机撒传单，关照市民清查当天

待在家里不要外出,配合调查户口。晚上7点,所有公交车辆停驶,警察督促市民快快回家。7点30分以后,京沪铁路所有火车到南翔为止,火车北站旅客绝迹。到8点钟,全市各处警报长鸣,马路上一片寂静,电影院娱乐场所更不用说,通通关门。晚上9点,清查人员开始出动,按户查对人口。老底子人习惯早睡早起,晚上9点出来调查户口,可算是奇事一桩,所以大多数经历过那次事件的上海人都印象深刻。等到滑稽演员把半夜调查户口的段子搬上舞台,大家心知肚明自然哈哈大笑,所谓"源于生活高于生活",喜剧效果就这样得到升华。

国民党在上海的这次户口大清查,查出人口总数为544万人,其中非上海籍人口占总人口的80%以上,大多数上海人像滑稽戏里的"辛梅西"一样,来自五湖四海,是"东阳宁人",吃着"蜡烛油炒饭",过着艰难的生活。通过那次半夜三更的"调查户口",国民党当局掌握了上海的人口数量及相关技术数据,但他们已无力再让上海人吃上饭、住上房、过上安定的生活。

袁一灵和李青有一项共同的爱好:足球。袁一灵在业余足球界

晚年的李青

有点名气,网上可以看到他用头顶球的照片,其身体协调性不亚于专业运动员。李青是出名的"大块头",看上去似乎足球和他不应该有什么渊源。不过李青喜欢踢球,是老人亲口告诉我的。2022年我曾与好友栋栋兄前往田林

的李宅看望老人,当时李青先生除双腿不良于行,精神还很好。得知我从事体育新闻工作,老人打开了话匣子,回忆起自己年轻时在足球场上驰骋的往事:"我欢喜踢足球,开始踢前锋,后来踢后卫,最后只好守goal了。"不料没过几个月,李青就因病过世,当年足球场上的风采终究只能想象了。

表演"辛梅西"的袁一灵是上海说唱的一代宗师。他本人的性格和戏中的人物有一定相似之处。2012年出版的黄永生传记《说今唱新上海风·黄永生》中提及了一段黄永生拜师的故事,由此可以看出袁一灵的为人。

1959年,初出茅庐的黄永生提出拜师袁一灵,袁一灵婉拒。黄永生又提出登门求教,袁一灵家很小且无卫生设备,很为难但不好拒绝,于是留了一个传呼电话。不久后黄永生通过电话"预约"上门求教,拎了一串香蕉,袁一灵说了这么一段话:"你把香蕉拎来了,我也不好让你拎回去,你下趟来要是再拎东西,我就不让你进门。"

1981年,文艺会堂拜师,左起:袁一灵、蔡伟中、黄永生

几年后袁一灵被关进了牛棚,偶尔出外看病可以回家。这时黄永生去看他,知道袁一灵胃不好,于是拎了一斤苏打饼干。这次袁一灵没有不让他进门,书里写到袁一灵的太太说了一句客气话:"小黄,你来看望老袁已经够意思了,还带东西来做啥",把黄永生的苏打饼干放进了饼干箱。我想当时袁一灵大师在落难的时候看到了"小黄"的情义,苏打饼干由太太放进饼干箱,等于是默认了这个学生。

到1981年春节,师徒二人均已度尽劫波,黄永生冒雪给袁一灵拜年,重提拜师之事,袁一灵终于答应了。当年在文艺会堂举行拜师仪式,黄永生拜师袁一灵,同时黄永生收徒蔡伟中。

如今袁一灵、黄永生、李青都已成故人,但他们留下的舞台影像已成为上海人的时代记忆。

停云里不应被遗忘

"天有不测风云,人有旦夕祸福",老话一点都不错。1945年6月4日,位于今复兴中路济南路口西北角的停云里就遭遇了飞来横祸。

当时距离抗日战争胜利只有两个月了,事发当日上午十时许,两架正在演习的侵华日军战机在空中尾部相触,一架坠落在徐家汇附近的农田,另一架坠落在大兴路停云里(复兴中路160弄,现为新天地翠湖天地的一部分)。一架飞机掉在了弄堂里,惨状可以想象。停云里39—46号、57—60号共12幢房子全部坍毁,引起的大火导致51号、53号、63号也被波及。共有84户人家受难,当场死亡53人,后因伤重不治又死亡8人,共计61人,受伤38人,遂造成"停云里惨案"。不幸中之万幸是当时是上午十点,弄堂居民中不少人出门工作没在家,如果换作是晚上,后果更不堪设想。但万幸中之不幸是老人、妇女、儿童都在家,弄堂里41号是纸盒厂,工人们也在。

停云里旧貌

停云里旧址今貌

"霭霭停云，濛濛时雨。八表同昏，平路伊阻。"《停云》是陶渊明的诗作，为思念亲友而作。可怜一条有着如此浪漫名字的弄堂，登时成为死亡的修罗场。当时二战行将结束，日本败局已定，市面之混乱可以想见。根据相关记载，侵华日机坠落后，日军立即封锁现场，先由日本和尚念经，再到飞机坠落的39号至41号处挖出飞行员尸体，然后就离开不管了。当地居民在弄堂口设绳拉岗禁止外人通行，受伤人员被送到附近的四明医院（今曙光医院）和南洋医院（今瑞金医院卢湾分院）救治。难民们公推郑文伯等为代表向保甲委员会泰山区分会（当时此地属于泰山区）请愿，该会以"火灾"的名义向各保甲摊派，募集到一部分钱款、籼米、面粉，最后每死亡一人，死者家属得到捐助米一包，大概60斤，伤者酌减。这就是一条人命的代价。老卢湾的居民没有忘记停云里的遇难者，20世纪90年代出版的《卢湾区志》中，收录了停云里惨案所有死伤者的姓名，总共99名死伤者中，女性超过70人，10岁以下的儿童超过30人。

　　当时上海大小报纸对此也没有报道。是时，吉安路口法藏寺开放地下室，收留无家可归者，并施粥。位于太仓路济南路的外国坟山（今淮海公园）免费为死难者安葬，四明公所为难民提供免费医疗。家住停云里46号的郑文伯先生及家人从170弄的后门逃出，尽管房屋被毁，但全家平安，包括刚满月的儿子。当天中午他被同业公会及友人接至西藏中路爵禄饭店暂住，直到被毁房屋重建。

　　在谈判中，郑文伯坚持要大米，不要伪币（当时日本已实施"玉碎计划"，国内和军队都缺粮，上海更是无粮可供，走私贩卖粮食一旦发现即遭枪杀）。郑文伯将自己名下的粮食捐给难民，并出资为死难者做佛事超度。

　　郑文伯又名郑锦书，籍贯江苏镇江，据说祖籍河南郑州。父名郑同陞，前清武举人，从戎，曾在广西边境地区与法国殖民者作战，或为洪门中人。郑文伯13岁停私塾外出学徒，先后在锦章图书局、世界书店等地工作。24岁时在上海闸北创办东亚书局。据他的学生葛逢源说，黄金荣曾与皖系军阀卢永祥之子卢小嘉因艺人露兰春而发生桃色纠纷，郑文伯曾出力调解。抗战时期闸北的书局被毁，东亚书局迁址复兴中路194号，复兴中路160弄（停云里）46号既是居所，兼作办公，另在嘉兴等多地开设分店。

停云里遇难者名单中有一位31岁的伤者"金张氏"和她的三个女儿：不幸遇难的是12岁的金巧珍和5岁的金巧萍，年仅2岁的金兰弟（档案上的名字为金菊弟）受伤幸存。这家人后来搬到会稽路同康里，又到杭州生活。2015年5月的《杭州日报》上刊登了金张氏在杭州所生的女儿根娣写的回忆，可以看作"停云里惨案"遇难者后来人生的一个缩影。

金张氏名叫张明珠，1915年生于江苏淮安。初小毕业嫁到上海停云里的金家，生了三个女儿：巧珍、巧萍和兰弟。"停云里惨案"发生时，张明珠和三个女儿被压在废墟下，大火吞噬了12岁的巧珍和5岁的巧萍，她和一岁多的小女儿兰弟幸存。事后多年，金张氏一直处于深深的自责中，因为当天巧珍和巧萍吵着要出去玩，如果放她们出去，就能保住一命，但作为母亲的她没有同意。两个孩子在大火中挣扎，自己看在眼里却无能为力，那种痛苦可想而知。

金家搬到杭州居住后，张明珠又生了五个孩子，三男二女。她的丈夫1962年除夕大年夜因心脏病发作死在了大街上，年仅49岁。张明珠带着六个孩子苦苦支撑，把孩子们抚养成人，2005年，92岁的张明珠因车祸去世。在"停云里惨案"中幸存的妹妹金兰弟患有精神病，结婚以后生了一儿一女，不幸儿子遗传了她的基因，也患有精神分裂症。张明珠去世后四个月，61岁的金兰弟也因病去世。经历了六十年的苦难人生以后，她和妈妈、姐姐们在另一个世界团聚了。

虽然距1945年已过去了近八十年，停云里被拆也很多年了，但因为那次天降横祸，停云里的老邻居们始终保持着联系。笔者有幸参加过一次他们的聚会，满满坐了五桌。老乡邻虽然分别多年，但乡情始终萦绕在他们的脑海。在那次聚会上我见到不少1945年"停云里惨案"的幸存者，听到和看到了很多书上、资料上了解不到的东西，那是抗日战争年代普通老百姓饱含血泪的心灵史。

建国东路大康里的帮会风云

和现在的中小学生相比,我们这代"七零后"的学生时代很幸福。当然也有很多作业、也要死记硬背,复习迎考更是必不可少。但当年我们的父母工作都很忙,哪有那么多闲工夫天天盯着我们。建国东路(原名康悌路,Rue Conty)肇周路那一带,我非常熟悉。那里离我的母校五爱中学很近,下课后我们穿过嘈杂的永年路小菜场,一溜烟就跑到了建国电影院对面的弄堂,那是属于我们最快乐的时光。我的要好同学老张就住这里——建国东路36弄。

过了很多年我才知道,原来这条弄堂叫"大康里",上海解放前这里曾经诞生过很多有名的帮派人物,在卢湾地界,可说是赫赫有名。关于大康里的往事,追根溯源,还得从对面的建国电影院说起。

1933年开业的建国电影院原名荣金大戏院,顾名思义,"荣金"大戏院和1929年创办的"黄金"大戏院(后改名大众剧场,位于金陵中路1号,已于1994年拆除)一样,都是上海大亨黄金荣的产

建国东路36弄大康里
（2017年摄）

建国东路11号，大康里对面的建国电影院旧址，后曾为超市，现空关（2017年摄）

建国东路大康里的帮会风云

业。既上演电影,也演出戏剧。到1937年"八一三"淞沪会战爆发,大量难民从肇周路和徐家汇路等地涌入法租界,黄金荣把荣金大戏院改为难民收容所。数以万计的难民蜂拥而入,改变了建国东路的面貌。

距离建国东路不远的永年路,曾有苏北人聚居的"四十间"。有人说电影《色戒》里梁朝伟扮演角色的原型丁默邨,就是从永年路"四十间"出来的。也有人说民国时代上海著名的青帮大佬季云卿的出身也是在"四十间"。和永年路东侧相交的肇周路原名蓝维霭路(Rue du Capitaine Rabier),以及永年路以南几十米与之平行的徐家汇路,当年是法租界和华界的交界。1937年8月淞沪会战前后,大量难民从华界涌入法租界,其中苏北籍的不在少数。想要从南市华界进入法租界,肇周路和徐家汇路是必经之路,一进入租界,他们见到的第一条马路,就是现在的永年路和建国东路。

涌入这一带的难民中后来很多人从事黄包车夫的工作。在汽车尚未普及的民国年代,黄包车、三轮车类似于出租车,是重要的交通工具。黄包车夫中曾经出现过不少响当当的人物,像江苏阜宁人金九龄,初到上海时就是拉黄包车的,后来进入法租界巡捕房做到探长,和黄金荣搭上关系以后,也是上海滩的帮会大佬。建国东路一带住了很多黄包车夫,慢慢地,在大康里产生了几个"狠角色"。

其中最有名、有文字记载可以查找的,有"薄刀党"杜阿毛,人力车小车霸蒋富英、崔忠德等。黄包车夫大多没有读过书,一个月如果是上日班,要上二十天,上夜班也要上十五天,天天出大力流大汗,业余时间除了睡觉,很多人染上了赌博的恶习。大康里有不少赌台,吸引了很多赌客。可怜黄包车夫辛辛苦苦挣来的血汗钱,不少都输给了帮会控制的赌台。大康里的车霸多是帮会背景,倚仗

"老头子"的势力作威作福。黄包车夫要租他们的车，可不是那么容易的。当时的车租都是以日计账，租车之前，车夫先要缴纳若干石大米作为保金，租金三次不交就收车停租，保金就归了车霸。换句话说，车夫如果有个"生病落痛"，歇个三五天，要是没有人顶班，租金就要被车霸"吃灭"了。

大康里有个小车霸金三瞎子，家里还有黑牢，欠他的租子会被吊打。旧时代水电等基础设施尚不完备，大康里的自来水并没有接入所有人家，水龙头是公用的。大康里的自来水龙头被开茶馆的恶霸所占，每天晚上十点以后才允许买水。白天要用水怎么办呢？估计只能铅桶、铜铫存着了。旧时代的人睡觉都很早，做了一天生活晚上十点以后还要出门买水，实在是苦透苦透。

原卢湾区曾经有一份《流氓称霸里弄》的口述资料，记述了大康里居民王兰英被流氓欺侮的事，具体而生动。

居民王兰英不慎一口痰吐在流氓杜小毛的鞋子上，这下她可惹了大麻烦。流氓当场给了她两记耳光，还要求王兰英赔偿。无奈之下，王兰英只能借了印子钱赔偿。她无意中招惹的流氓杜小毛，是否就是那个"薄刀党杜阿毛"，已经无可查考了。但从这份口述材料中，上海解放前帮会林立的状况，可见一斑。除了这件事，王兰英还曾被流氓崔忠德打过两次，其中一次正好怀孕四个月，肚里的孩子没有保住。

杜阿毛也好，崔忠德也好，说起来都只是帮会里的小人物，学者研究的上海帮会史中，并不会出现他们的名字。但就是这样的小喽啰，也可以称霸一方、鱼肉邻里，"大康里"的名声，自然好不到哪里去。

不过上海弄堂里的帮会往事到1949年以后走到了尽头，我读中

大康里老房子信箱遗迹

学的80年代,大康里早就不再是文献里记载的当年那个样子。那时也是"七十二家房客"的拥挤,但如今回想起来,却显得非常温馨。大康里有流氓?怎么可能!我的同学老张家就住在那里,我们在他家的石库门院子里下棋、打牌,总是玩到夕阳西下才恋恋不舍地背着书包回家。老张是棋迷,象棋、围棋都拿手。我对下棋兴趣不大,但也像"跟屁虫"似的跟在后头,因为老张的父亲常驻香港,家里有很多新鲜玩意,让人大开眼界。很快中学毕业,同学各奔东西,又是匆匆几十年的光阴过去了。老张家不是大康里的原住民,也是后来"增配"房子住进去的,很快他们也搬出了这条弄堂。

再后来,见证过这里发生的一切的老房子,曾经默默伫立、容纳着需要在这里栖身的人们的老房子,终于在城市更新的浪潮中消失了。"大康里"的名字成了传说,再过若干年,恐怕不会再有人知道了吧。

新昌路酱园弄杀夫奇案

老百姓开门七件事：柴米油盐酱醋茶，由此可见旧日酱油店在生活中占的地位有多重。上海本帮菜讲究浓油赤酱，假使没油没酱，也就没了上海味道。前两天碰到小学同学L君，他家当年住酱油店楼上，我对他说："你家楼下酱油店的玫瑰乳腐真是世间美味，可惜吃不到了。"L君朝我白白眼睛："侬光晓得乳腐好吃，侬晓得住在酱油店楼上，到了热天是啥味道伐？"

新昌路原名梅白克路，也叫梅白格路，北京西路以北原叫蔓盘路，后统称梅白克路，租界收回以后用浙江新昌名字命名。其实不管梅白克路、梅白格路、蔓盘路，英文都一样：Myburgh Road。"梅白克"的名字出典在哪里我没考证过，不过南非有一家拥有三四百年历史的葡萄酒企业美蕾酒庄，其拥有者迈伯格家族的英文写法就是Myburgh，不晓得和新昌路的这个"梅白克"有没有关系。新昌路北边在新闸路与青岛路之间，原有一条著名的"酱园弄"（新昌路432弄），因弄内有著名的特色老店张振新酱园而闻名。1945年这条弄堂发生了一桩杀夫血案，让酱园弄这条安静的小弄堂登时闻名上海滩。

酱园弄85号的二房东叫王瞎子，名字叫瞎子，其实不是全盲，估计是高度近视眼。一天夜里王瞎子听到楼上房客"大块头"詹云影发出痛苦的惊叫，急忙大声问："楼上在做啥？"詹云影的妻子周惠珍回答："他又做噩梦了！"王瞎子听了就没在意。不久天花板上滴答滴答往下滴液体，王瞎子视力虽然不好，鼻子蛮灵，一闻是血腥气。王瞎子叫上老婆一道上楼去看，只见詹大块头的老婆詹周氏披头散发坐在地上："詹大块头已经被我杀了，斩成十六块装在皮箱里……"一条小弄堂里发生杀人分尸的惨案，而且还是老婆杀老公，那还了得？詹周氏迅疾被捕，很快进入诉讼程序。詹周氏是江苏丹阳人，自小是个孤儿，在亲戚家里长大，又曾被卖给富人家里做丫头，因此始终没有安全感。嫁给詹云影后经常遭受家庭暴力，于是动了杀念。本来案情并不复杂，但当时的市民好奇心作怪，又有媒体推波助澜，詹周氏又在法庭上说出"贺大麻子"和"小宁波"两个嫌疑人，但查下来并无真凭实据，最终法庭判詹周氏死刑。轰动一时的杀夫分尸案似乎可以结案了，但树欲静而风不止，事情还没有完。

詹周氏杀夫案因为涉及家庭暴力和男女平等问题，引起社会普遍关注。加之当时日本将要战败，人心惶惶，汪伪政府的法庭在审理案件时，很多程序不太规范。社会上同情詹周氏的人不在少数，他们用各种方式声援詹周氏，其中作家苏青尤其活跃。苏青原名冯和仪，字允庄。抗战时期她在上海滩赫赫有名，一本长篇小说《结婚十年》一时间洛阳纸贵，比张爱玲的《传奇》《流言》还要畅销。

苏青和汪伪政府的上海市长陈公博关系很好，担任过伪职（政府专员），她为文为人都泼辣大胆，此时站出来为詹周氏仗义执言，在报纸上写了《为杀人者辩》一文，呼吁同情女性遭遇。经过社会各界努力，最终詹周氏由死刑变为死缓，又改无期徒刑。谋杀亲夫外加分尸而无须偿命，算是件奇闻了。

詹周氏原收押在提篮桥监狱，20世纪50年代被转到苏北大丰农场的上海监狱服刑。说起大丰农场，此地原名"台北县"，因为和台湾台北重名，便在当地两个集市"大中集"和"新丰"的名字中各取一字改为"大丰"。大丰农场一直是上海的一块"飞地"，詹周氏刑满释放以后没有回上海，就在农场结婚成家定居下来。更有意思的是，詹周氏杀夫血案发生时上海市警察局的总督察员陆大公，本来在中共地下组织的领导下配合上海解放，是立过功的。但在特殊年代也遭遇不公正待遇，被押解到大丰农场服刑。当年上海滩轰动一时的大案，被告詹周氏和警察局的负责人被关在同一个农场里，不晓得詹周氏和陆大公有没有见过面，如果见过，又该说些什么呢？

再说苏青，1949年以后她当然没有好日子过，虽然没进监狱，但养家糊口也困难。50年代苏青在尹桂芳任团长的芳华越剧团任编剧，她是宁波人又是作家，写越剧剧本驾轻就熟，尹桂芳的代表作《屈原》《宝玉与黛玉》等都出自苏青的手笔，只是署名用了"冯允庄"。本来当编剧蛮好，1955年苏青为编写《司马迁》剧本，给当时复旦大学教授贾植芳先生写了封求教信，因为这封信，她成了"胡风分子"，关了一阵被"宽大释放"，但编剧当不成了，成了剧团的门卫。1959年尹桂芳的芳华越剧团内迁去了福建，苏青留在上海，分配到红旗锡剧团当编剧。老宁波写锡剧，真正是勉为其难了。

苏青写过《雷锋》《王杰》等剧本，没什么影响。在剧团里她有时在场上跑跑龙套，还要兼做字幕，1975年退休，1982年病逝。去世前向家人要求再读一读自己的名著《结婚十年》，可惜家里找不到这本书。直到20世纪80年代末，随着张爱玲的走红，苏青作品的文学价值又被重新认识，但此时苏青已去世多年了。

又是很多年过去了，詹周氏、苏青这些曾经轰动上海滩的女性都成了历史，酱园弄杀夫案却一直为人们所津津乐道。中国台湾作家李昂曾以此案为原型创作小说《杀夫》，经由吴念真改编成电影剧本，夏文汐主演，是一部经典作品。

只是这一切和新昌路、酱园弄已经没有任何关系了。新昌路酱园弄一带前几年已经拆迁，如今已成一片商品房。但我想，不管是住"酱园弄"，还是住什么别墅、什么豪庭，只要有人的地方，家庭暴力、妇女解放，以及人的孤独、绝望、恐惧和爆发等都是一样的吧。

黄陂南路的夺命自流井及其他

对租界时代上海人的生活，现在有很多田园牧歌式的想象，不明就里的朋友把老上海的租界想象成了外国。不可否认，当年梧桐参天的法租界确实是高档住宅区，但在法租界里中国老百姓的生活，绝不是很多人想象的那样。不久前好友丁夏老师发给我几幅20世纪20年代报纸的截屏，供我参考。一看之下，大吃一惊。

丁夏的祖父丁悚先生是民国时代著名画家和报人，也是漫画家丁聪先生的父亲，曾是上海美专第一任教务长。丁悚先生一家在黄陂南路恒庆里住了近百年，现在那里挂着"漫画会旧址"文物保护点标牌。但即便是丁家这样中产以上的体面人，在以生活品质著称的法租界里，也面临着饮水卫生上的死亡威胁，原因在于弄堂里的自流井。

1926年6月24日的《时事新报》刊登署名"无心"的文章《自流井与死亡率》，文章是这么写的：

"夺命自流井"大致位置
(丁夏供图,2020年摄)

自从一有自流井,上海的房东,都很喜欢采用。因为它的费用,与自来水比,竟可以省去四分之三。譬如自来水用四百元的,自流井只消一百元够了。

但是用户的卫生上,就可以发见(现)极大的危险。赤痢和肠质扶斯等危险病,便很旺盛的出现于用自流井的弄内。据医生云,这种水,实在不能充饮料,危险之至。

病人独多,丁悚的女公子,就是死在这弄内的。听说该弄常常有人家死人的,现在房东已觉悟,每一天内,另外有几点钟,肯把真的自来水给居户,是专供饮用的。舍间住的马浪路荣华里,也是自流井,赤痢、肠质扶斯已经光临过了,平日腹泻的人也很多,譬如我家的孩子,寄宿在校中,非常康健。一回家住一夜,就会腹泻,到了校中,立刻止了。这不是水的缘故么?

炎夏将至,虎烈拉亦将乘此降临,我愿法租界卫生处,对于自流井,要加些注意才是。

黄陂南路原名贝勒路,现在丁悚和丁聪的旧居一般说是贝勒路恒庆里9号。事实上大门开在永年路的天祥里是1912年开始建造的,而恒庆里门牌开在徐家汇路,要到1927年才建造,并将天祥里中的一部分列入恒庆里。天祥里和恒庆里的弄道相通,说是同一条弄堂也没有关系,只是建造年代和房子的样子不同。当时天祥里的房东

黄陂南路永年路的天祥里

明明有自来水不用,却要求住户使用自流井,造成赤痢和肠窒扶斯(Typhoid,伤寒)肆虐,丁悚先生的女儿就因为饮用了不洁的井水而去世。

文章的作者无心先生的小孩在学校住宿身体很好,一回马浪路(今马当路)荣华里的家就要腹泻,回到学校后就好了。由此,无心先生呼吁法租界卫生处能管管这件事。

无心先生的呼吁效果如何呢?6月25日,《自流井与死亡率》有了"续",是这么写的:

> 这毕倚虹与丁悚所住的天祥里,昨天又死个人了,死的就是江红蕉的女公子。
>
> 听说这天祥里,在最近的两个月中,已死了八个人了,怕吃自流井水和怕死的,早已搬去了不少了。
>
> 我所住的荣华里,去年年底落成后,就没有人请教,住户很少,因此也没有显著的现象。不过我一家天天吃着那带黄沙泥的水,时常患肠病罢了。据那经租账房说,这水已由工部局卫生处验过,非常可靠,我总不信。工部局卫生处,决不愿意人家吃黄沙泥的水而要人生病的。

如果说无心先生一人之说为孤证,则《时事新报》1926年7月8日又刊登署名"倖运儿"的文章《天祥里人物倒霉史》,对自流井水事件进行了进一步阐述:

> 上海有条弄堂,叫做天祥里。因是新造,没甚名声。自从丁悚、张光宇、江红蕉、毕倚虹一辈文艺家迁了进去,再加毕

倚虹一死，倒变了一条极著名的弄堂了。

除了这几个文艺家外，还有画家李毅士、汪亚尘，和前暨南大学校长赵厚生，都是里中佼佼者。可是这天祥里，名虽成祥，却是不祥，接连死去的人很是不少。除了不著名不认识的不算以外，第一个便是李毅士触霉头，死掉一个侄子。其次就是毕倚虹了。毕倚虹死得尤其可惨，差不多人亡家破。再接着是丁悚的一个女公子一芬，十分可爱，病得不到一个月，竟死了。再接上去的，便是江红蕉了。江红蕉的女公子，单名叫做"枫"，有人说红蕉取这名字便不是好兆，"江枫渔火对愁眠"不是一句很显的谶语么。但是江枫才十四个足月，肥硕玉雪，鲜龙活跳，并且异常聪慧，却也只有半个月的病，医药无效而死了。有许多人归咎于里内不用自来水而饮自流井，不日要提出这问题和房东办交涉了。

张光宇家里很好，但是今年春里为了三日画报吃官司，很损失了不少金钱。赵厚生本来很得苏当道的信任，家里有马弁养着，如今马弁也没有了。神气也没有从前阔绰了。其余有几家竟发生服毒而死、剖腹而死、见鬼而死的奇事，总而言之，是天祥不祥。

黄陂南路是什么时候吃上自来水的？是否《时事新报》呼吁的结果？有这种可能吧。虽然居住环境不佳，但丁悚等文艺家在这里住了很多年，只能说以现实的经济条件，其他地方的居住环境可能更加不堪，而这里，再怎样还是有"工部局卫生处"加以管理的法租界。

话说回来，丁悚等文艺家就是在这样的环境下，创作了很多作

2020年的天祥里

品,虽经百年,仍有振聋发聩的力量。现在大家都喝上了干净的自来水,有条件的人家还喝专送的矿泉水,害人的井都填没了,偶尔谁家弄堂里还有一口老井,恐怕会被作为景观保留下来。

电线木头

上海话中有些词的发音吃不大准,比如电线杆,通常叫"电线木头",小时候经常听见有人说成"电线码头",一直都没怎么细想,这电线杆和码头有什么关系呢?直到后来我在网上读到@食砚无田(李建华先生)的大作,这才茅塞顿开:原来上海的"电线木头",和"码头"没有任何关系,而且电线木头的学问,还很深呢!

电线木头电线木头,望文生义,电线杆应该是木头的。现在上海街上看到的电线杆,绝大多数是水泥的,木头的很少见,却还有。南京东路边上的小马路石潭弄,就保留了几根这样的老式电线"木头"。

电是舶来品,上海电线的铺设,受到上海城市发展的影响。原来的老上海,公共租界是一块,法租界是一块,租界以外的华界是一块,三个区域各自为政,发展出各有特色的电线木头。公共租界采用的是英国人的一套,长短尺寸都用英制,车辆行人靠左行驶,电线杆则是方形的。法租界的电线杆就有点"妖"了,是三棱形(或者说是"人字形")的,绝对属于"法国特色"。而华界的电线杆则是圆形的。电线杆的材质最初是木头的,所以"电线木头"的叫法沿用至今。间或有铸铁空心的,后来一律发展成水泥柱。随着城市的变迁,方形的英式电线杆和三棱形的法式电线杆都成了文物,现在上海的电线杆几乎全是圆柱形的了,只有"电线木头"这句方言,还在提醒人们上海电线杆的历史。

建国西路保留的法租界时代电线杆

石潭弄保留的公共租界时代电线杆（2019年摄）

和电线木头一样，上海话中"脑袋"这个词的发音也有点怪，读作"Kulangdou"，一般的写法是"骷颅头"或是"骷髅头"，但中间那个字并不念"lu"或者"lou"，而念得跟"榔头"的"榔"差不多。

建国东路淡水路口的电线木头，以前应该都是法式三棱形的，现在改为水泥圆柱了。这些电线杆看起来平淡无奇，但在1938年2月6日，这个路口的某一根电线杆上，突然有一颗人的骷榔头挂在上面，还牵涉到一位租界里"洋场才子"的传奇人生。

建国东路淡水路口这个位置，也就是现在卢湾一中心小学，曾是法国的军营。这个人头是谁？又怎么会被挂在这里的呢？事情还得从老上海著名的报人蔡钓徒说起。

蔡钓徒，原名安福，字履之，自署"海上钓徒"的笔名，所以叫蔡钓徒。蔡钓徒是上海本地人，出生于闵行的陈行。原来是学农业的，1927年到上海谋生，凭着一支生花妙笔，在上海滩竞争激烈的报界渐渐写出了名堂。他先是在南市老西门的翁家弄创办《龙报》，后又为《礼拜六》撰稿，创作过小说《花落瀛洲》。

蔡钓徒文章写得好，人头也混得熟，最大的特点是胆子大，别人不敢碰的题材，他敢碰，别人要用春秋笔法的，他敢直奔主题。就这样交了很多朋友，也结了很多冤家。威胁听得多了，耳光也吃过不少，蔡钓徒就这样在波诡云谲的民国上海滩纵横捭阖，穿行于各色人物之间，倒也得心应手。

蔡钓徒应付各类人物，自有他一套圆滑的手法，有时瞒天过海，有时暗度陈仓，所以他的报纸好看、好销。眼看报纸办得风生水起，但随着日军占领华界，1938年的上海，已经成了另一个世界。蔡钓徒还用洋场才子长袖善舞的办法应付日本人，那就"伐来赛"了。

当时蔡钓徒创办了《社会晚报》，自任发行人兼经理。《社会晚报》虽然销路不算特别好，但因为经常报道一些耸人听闻的刑事案件，所以在读者中很有影响。蔡钓徒还是那套黑道白道通吃的老办法，租界巡捕、国民政府、日本浪人、黑道老大等各派人物，他都有接触。救国会运动发起以后，他和中共地下组织也有联络。

蔡钓徒的《社会晚报》和日本的特务机关有一定关系，享有不受检查的特权，还可以领取日伪的津贴。《社会晚报》一方面报道中国军队和游击队抗日的新闻，另一方面拿着日本人的津贴，为了应付日本人，他推出两种版面，给日本人和汉奸看的是一版，街面上卖的是另一版。终于，到1938年2月初，日本人通过汉奸组织黄道会找到了蔡钓徒。可怜洋场才子报界文人，被黄道会诓骗到四川北路的新亚饭店，严刑拷打之后押到郊外杀害。蔡钓徒牺牲时年仅34岁。本来的计划是要把他的人头挂到薛华立路法国巡捕房门口，因为当地戒备森严没法下手，于是挂到了差一条横马路的现建国东路淡水路口的电线木头上面，旁边还挂了一方写有所谓"斩奸状"和"抗日份子下场"字样的白布。

1952年，蔡钓徒被追认为革命烈士。蔡钓徒为抗日而死，他的牺牲是壮烈的。

谈恋爱逛马路，以前曾被上海人风趣地称为"数电线木头"，建国路不管是东路、中路，还是西路，都是绿树成荫的僻静马路，自然是恋人们很喜欢驻足流连的地方。如果他们知道这里的电线木头上曾经发生过这样惨烈的往事，不知还有没有这份闲情逸致。

电线杆一个重要的功能是"广而告之"，以前上头经常张贴布告，后来有些人在上面贴小广告。如今的电线杆虽然已经没有了时代印记，但仍然有悬挂或张贴的文字和图片，提醒着些什么。

电线木头

马浪路的浪

老上海的路名千姿百态，原法租界的马路都是以人名命名。卢湾区的马当路原名"马浪路"，表面上看，原来的法国名字"马浪"变成江西省的地名"马当"，顺理成章。但细究之下，"马浪"这个词却是个以讹传讹的错误。因为马当路原来正式的名字，叫"白莱尼蒙马浪路"（Rue Brenier de Montmorand）。这个中文名不知是哪位学问家起的，反正用上海话读出来，就是那么诘屈聱牙。不信大家可以用上海话念念看，念着念着，"白莱尼蒙"没了，简称就叫"马浪路"。但问题在于"白莱尼蒙马浪"这个词，断句不是断在"马浪"这里的，人家明明叫白来尼·蒙马浪，如果按照现在的翻译方法，应该叫布勒尼埃·蒙莫朗。变成"马浪"算是怎么回事呢？好在那个年代的人也不怎么讲究，马浪路马浪路，就这么一直"浪"下来了。

马当路上老房子所剩不多了，自忠路和复兴中路之间的西侧，西成里和南北普庆里的房子还在，这里住过的人鼎鼎大名，说起来还真有很多故事。

著名影星上官云珠曾住西成里40号，担任过文化部代部长、中国文联主席的音乐家、《中国人民志愿军战歌》作曲者周巍峙先生曾住西成里63号。不过在西成里住过的最有名的人，莫过于几位画家：张大千、张善孖兄弟和黄宾虹。他们的住处，分别在西成里的16号和17号。张大千和黄凝素的女儿张心瑞就出生在西成里。

张大千和张善孖兄弟当时住16号和17号，两幢房子的客堂间和院子是打通的。1923年，24岁的张大千从四川内江搬到上海，寓居此处达九年，直到1932年才举家搬到苏州网师园。张大千的兄长张善孖善画虎，为了观察老虎的情态，16号、17号的院子里，曾经

马当路西成里（2017年摄）

养过一只小老虎。黄宾虹正式的旧居在自忠路，但他曾租住过西成里16号的客堂间。虽然搬到自忠路，其实离马当路也不远。

西成里的房子相当"吃价"，也就是黄宾虹这样的大画家住得起。1930年，黄宾虹的学生、外号"小五子"的南京书法家林散之来到上海，就住不进西成里，只能租住在西成里在西门路（即今自忠路）大门对面的西门里，而且住的是亭子间。

世易时移，当年档次低一些的西门里已经拆除，成了高档楼盘"华府天地"，档次比西成里高了不晓得多少，这叫三十年河东，三十年河西。

和西成里比邻的普庆里，因有韩国临时政府旧址闻名。其实金九等韩国开国元勋在普庆里居住时间不算长，真正在普庆里住了几十年的老住客，当属27号的"百岁棋王"谢侠逊。

谢侠逊，浙江温州平阳人，四岁学棋，早在1918年就获得了当时的全国象棋冠军，被称为"中国棋王"，一直下到一百岁。他最了不起的，是抗战期间赴南洋诸国，以象棋宣传抗日，动员大量华侨青年回国投身抗战。1939年，谢侠逊在重庆和周恩来同志对弈三局，全都是和棋，寓意停止内战，其中第二局残局被命名为"共纾国难"，刊登在重庆《大公报》上，由此奠定了谢侠逊的江湖地位。

谢侠逊常年居住在普庆里27号。谢老下了一辈子棋，到晚年毕竟年事已高，有时和业余棋手下着玩，都有点"吃不牢"。但老人棋王的功架永远在，不管对面坐的是胡荣华，还是马当路一个喜欢下棋的小伙子，老人必定让对方一只马，输赢另说。这叫"到了马当路，放侬一只马"。

谢侠逊旧居相当独特，普庆里绝大多数房子的前门是坐北朝南

马当路普庆里（2017年摄）

的，27号的大门却是坐西朝东，边上有道铁门，通往淡水路。房子为什么这样设计，不得而知。

现在的年轻人可能对谢侠逊的名字不太熟悉，但在笔者的学生时代，谢侠逊和胡荣华一样，可谓家喻户晓。他老人家编的几本棋谱，更是经常研读。我的中学同学中不乏象棋高手。下棋要靠钻研，还要有天赋，更要有名师指点。自己空有一点兴趣，想看看棋谱就能提高水平，是不大可能的。所以下着下着，棋力便会拉开差距，我们自己成立了一个小小的"棋牌协会"，偶尔同学聚一聚，要么打"拱猪"，要么打"大怪路子"。下围棋、下象棋，差距拉开了。我的同学当中，"小头"棋力尤其了得，后来才知道他有个亲戚是胡荣华"胡司令"的好朋友、当年卢湾区赫赫有名

马当路(2017年摄)

的业余棋王,在他眼里,我们当然就是小菜一碟了。

当年我们玩棋,纯粹出于爱好,从没想过要当专业棋手,也没想过考级加分。现在有的小朋友小学还没有读,已经业余几级下出来了,棋力肯定是他们强。但要说到如何体会下棋的乐趣,我们这些老家伙不遑多让吧。

和上海绝大多数弄堂比,马当路的老房子干净、整洁,走过了近百年的漫长岁月。在这里发生过太多故事,走过太多来来往往的人。对这里的居民而言,多少故事多少人,都是过客、烟云。不管是谁来,总要在灶披间烧饭吃,要在窗门上晾被单,这是上海人的生活。既来之则安之,依然活得很自在。

那天在普庆里拍照时,忽然听到一阵"哒哒哒"斩肉糜的声音。我好奇地问:"爷叔,侬买肉自己斩啊?"正在斩肉的爷叔笑了:"买的肉糜,不香,我再斩一斩。"

砧板边上,放着爷叔从买的肉糜里挑拣出来的肉筋。这,才是马当路不变的上海生活。

饮食男女

咖啡和大蒜

南北饮食风俗不同，有好事者专拿大蒜与咖啡说事，如只是滑稽戏的一个噱头，倒也无可厚非。偏有些朋友把听了笑笑的事体当了真，总觉得喝咖啡高雅、吃大蒜低俗，这就不太合适了。其实苏州人吃面，约定俗成是要漂一把蒜叶，叫作"青头"，如不吃蒜，需要特意向店家告知"免青"。北京风味涮羊肉，薄如蝉翼的羊肉片如果没有一瓣糖蒜共食，则风味全无。台湾夜市小吃"大肠包小肠"，甜甜的、带有米酒味道的台湾香肠佐以蒜片，入口一刹那真可感受"灵魂出窍"的神奇魅力。法国国民食物Baguette（法棍）加大蒜橄榄油烤制，也是道独擅胜场的美味。以上所述的"大蒜料理"，无论如何也与"粗俗"二字沾不了边。

"上海人不吃大蒜"，本就是个伪命题。试举一例，宅家闲坐翻闲书，张伟、祝淳翔编、中华书局2019年出版的《唐大郎纪念集》第386页，有这样一篇："蒜为予所深嗜【三百首外集】"，原文如下：

蒜为予所深嗜【三百首外集】

一夜亭亭苗翠条，荒厨赖汝佐千肴。
因知世味无甜蜜，辛辣尤为我所饕。

向香雪园索土一盂，不莳花草，而排大蒜。蒜为予所深嗜，秋日诸肴，非此不能适口。蒜既苗苗，故宠以诗。

《海报》1942年10月20日，署名：唐人

"小报状元"唐大郎

上述诗文系唐大郎1942年以"唐人"笔名发表在《海报》上的，白纸黑字，证据确凿。秋天到了，家里的花盆不种花草，专种大蒜，没有别的理由，作者对这一口已到"深嗜"的地步，秋冬季节几乎每一道菜肴，"非此不能适口"，没蒜根本不行。蒜叶窜出来，作者高兴得赋诗一首，还公开在报纸上刊登，可见当时上海滩对于吃蒜，并无成见。

唐大郎何许人也？在上海，他是"小报报人"，拥

有"小报状元"和"江南第一枝笔"等美誉。其诗其文,以"自由""消闲"为特性。1949年后他去了香港,当年上海滩上的一支健笔,也就少有人知。他的文集,要到近日才由有心人结集出版。

或有较真的朋友要问:当年上海滩五方杂处,唐大郎如此嗜蒜,到底贵乡何处?书中记载明确:唐大郎(1908—1980)原名云旌,笔名高唐、云裳、刘郎等,其中"大郎"最为人所熟知。唐大郎籍贯嘉定,一生乡音不改。民国时代嘉定尚不属于上海,严格来说属于江苏人。但1958年嘉定划归上海,当时登记籍贯,写"上海"完全没错。何况唐大郎长年在十里洋场鬻文为生,称之为"老上海"没有任何问题。唐大郎文思潇洒、文风独特,文章短小精悍,很受读者欢迎。能有这样的文采,大蒜促进他的灵感,厥功至伟。不料几十年后,大蒜竟成了被有些上海人嫌弃到"不吃"的东西,起唐大郎于地下,怕也要大呼"瞎讲"。

唐大郎对土味的大蒜是"深嗜",对洋派的咖啡也不拒绝,在他的文章中,也有相当篇目讲到咖啡。试举一例,1948年3月19日,唐大郎曾在《铁报》上写了一篇名为《咖啡座上》的小诗,收入他的《高唐散记》:

咖啡座上

花气烟香互郁蒸,今来静坐对娉婷。三冬恒似中春暖,一饮能教百虑乘。枉以诗名称跌宕,已专殊色况飞腾。当时欲说心头事,而我心如录重刑。

从前不习惯吃咖啡,现在每天要吃一杯,有时候拣最冷僻的地方去吃,我们到过一家是林森中路一三二七号白俄开的咖啡座里,我于是想起林庚白的两句诗:"惯与白俄为主客,最怜青鸟有沉浮。"

你能说这不是好诗吗?其实那里的咖啡与膳食都不是上品,我欢喜的咖啡,倒是靠近我办事室的西青楼下,与陕西北路的吉士饭店,上面的一首诗是我新近在咖啡座上写的,我不怎么欢喜我的诗,但写出了我近来的一些心曲。

(《铁报》1948年3月19日,署名:高唐)

作为一名传统文人,唐大郎从"不习惯吃咖啡",发展到"每天要吃一杯",或许因为咖啡"花气烟香互郁蒸",也可能源于"三冬恒似中春暖",咖啡馆和茶馆不一样,不要热闹,专要"拣最冷僻的地方去吃",想必是不愿给人撞见。唐大郎去的"林森中路一三二七号"靠近宝庆路,还有陕西北路吉士饭店,都在现在所谓的"梧桐区",都是都市男女爱去"打卡"的地方,"今来静坐对娉婷",已经是种奢侈。

只是不知唐大郎在咖啡座上写诗之时,会不会额外叫一客蒜泥法棍?

唐大郎喜欢评弹,《唐大郎纪念集》一书中收录江更生先生一篇《唐大郎的评弹诗》,原刊于2015年5月7日的《新民晚报》,写到唐大郎在徐云志逝世一年后的1979年,曾有一首七言诗《忆徐云志》心志纪念:

琵琶弦拨动梁尘,篇子方终一座春。
虽说本工唐伯虎,自称绝调寇官人。
腔如汤果沾牙糯,味胜花雕出瓮醇。

红粉家家兢度曲，饶她初效也能攀。

忽然想起来，唱"迷魂调"的徐云志老先生，早上起来吃面的时候，应该也要撒把蒜叶子（苏州人称为"青"）的吧，或许会关照跑堂"重青"，都不一定呢！

腌笃鲜

有外地来的朋友问我:"到上海餐馆点菜,有什么菜是不容错过的?"这么简单的问题却把我难住了:红烧肉?油爆虾?扣三丝?响油鳝糊?……"上海菜"的范围太广泛了,好比上海人的祖籍一般,五方杂处、四海一心,上海人"拉到篮里就是菜",什么都吃的。要说什么"最"有特色,一时真说不上来。不过呢,万变不离其宗,上海菜的精髓,有人说是浓油赤酱,我看这种说法是知其一不知其二。上海菜的精髓在于一个"鲜"字:味道鲜美、讲究时令,"不时不食",食材必须新鲜。如果是在春天,当然要吃腌笃鲜了。

最近在各种媒体上,关于腌笃鲜的文章读了不少。这道菜烧起来有什么花样,不需要我多啰嗦了。三样主料:咸肉、鲜肉、春笋。烧法也简单,就是一锅煮。稍微讲究点的,咸肉煮一段时间捞出来单独切块,这样肉的口感更好。本来没什么花头的家常菜,被一些"时尚人士"的生花妙笔一写,陡然高大上起来。这道菜的历史,免不了要把杜月笙、张爱玲等名字拉出来扯一扯,恨不得把家谱贴自己脸上。选料呢,什么都要"上好",这个不行那个不用,咸肉要用刀板香,鲜肉要用蹄

腌笃鲜(蔡小犇绘)

髈或小排,如此等等。要我来说,我知道的腌笃鲜没有那么多讲究,它不过是上海人春天吃的一道家常菜,仅此而已。

上海人的生活虽然精细,但没有精细到暴殄天物的地步。咸肉中的精品"刀板香",以前一年都吃不到几块,偶有好咸肉,肯定蒸来吃,怎舍得用来烧汤?鲜肉的道理也一样。蹄髈是用来烧"小白蹄"的,小排是用来糖醋的。那么多好东西一锅煮,那是过分、"作孽"的。家里吃的腌笃鲜,咸肉常是一冬天吃剩下来的边角料,肥多瘦少。鲜肉是菜场买的普通"夹心肉",有时是腿肉。唯一讲究的,是笋。一定要春笋才有味道,那才是腌笃鲜这道菜"不讲究中的讲究"。

腌笃鲜之所以必须要在春天吃才有味,关键就在笋上。冬笋虽然鲜美,但质地较嫩,并不适合"笃",而适合"炒"。而春笋则是"笃"的佳品,无论腌笃鲜还是油焖笋,春笋除了提鲜,更重要的是吸油、吸味。烧一锅腌笃鲜,一顿吃不完再吃第二、第三顿,这

时的春笋饱含咸鲜之味,"最是一年春好处",就在这一口。

关于腌笃鲜还有一处疑问,就是百叶结和莴笋。我发现不少高档餐厅的腌笃鲜也放百叶结和莴笋。要知道豆制品虽然好吃,却有一个最大的缺点:引"馊"。任何菜只要放了豆制品进去,就只能当天吃完,放过夜就酸了。一般腌笃鲜里的百叶结都是吃第二顿时才放入,上海话所谓"吃回汤豆腐干",就是这个意思。至于莴笋,那是因为春笋价昂,精明的主妇混入莴笋(上海话叫"乡莴笋"),作为春笋的替代品。现下高档餐厅的腌笃鲜,动不动价格上百,用的咸肉鲜肉都是最好的,在这里出现百叶结和莴笋,就好比用鹅肝炒时件,有点搞笑。更有一些餐厅,中央厨房烧一大锅加满添加剂的奶白汤,你点腌笃鲜也好,老鸡老鸭汤也好,鱼头鱼丸汤也好,汤就是这个汤,兑上高压锅焖好的肉,从点单到上桌只要十分钟。吃这样的腌笃鲜,实在不是什么享受。还有精明的商家推出腌笃鲜青团、腌笃鲜月饼……不知为何我总觉得网红食品有种说不出来的添加剂味道,但愿这样的担心只是我的错觉。

世上最美味的腌笃鲜,无疑要在家里吃。现在条件好了,咸肉用刀板香没什么压力,鲜肉来只蹄髈或一斤小排也行。锅,最好是老砂锅,搪瓷汤锅也凑合,总之笋要大量就是了,别忘焯潽水,否则笋有辣味拉嗓子。就这样笃啊笃,笃到香气弥漫了整个楼道。这时饭也煮好了,一家人围在一道,谁吃老咸肉,谁吃小鲜肉,谁吃嫩笋尖,谁吃老笋头?自己对号入座。腌笃鲜"笃"出来的,是春的气息,家的味道。

小暑黄鳝赛人参

上海有句俗话:"小暑黄鳝赛人参。"

我爱吃黄鳝。吃面总是鳝丝打底。到餐厅吃饭,鳝丝也好,鳝糊也好,鳝背、鳝筒、软兜、长鱼、虎尾都好,总要点一只方始称心如意。为什么独独钟爱黄鳝?或许和考试放假有关吧。

黄鳝生于田间地头、水塘沟渠,本是道野味。每到放假前大考的时节,家里常常炒鳝丝来给复习迎考的学生补营养。只要一吃黄鳝,一个学期的苦熬就要出头,这样十几年吃下来,能不喜欢黄鳝吗?

本帮菜里的看家菜响油鳝丝号称是苏锡味道,追根溯源则来自徽州。小小一道响油鳝丝,制作工艺却不简单,炒菜的油就要用三种,所谓"猪油炒,菜油焖,麻油浇",上桌要听个响。鳝丝上撒满了胡椒粉,考究的,单配一把滚烫的麻油壶,当着客人的面"呲啦"一声浇下去,再用公筷或公用调羹搅拌。

响油鳝丝

鉴定响油鳝丝正不正宗,很重要的一点是看中间用的蒜。本帮鳝糊用的是青蒜叶子末,如果用蒜泥,就不正宗。不过,不正宗不一定不好吃,绝大多数餐厅用蒜泥,我吃下来也挺好。

以前只有夏天吃黄鳝,现在一年四季供应,毫无疑问现在的黄鳝是养殖的。养殖的黄鳝肉肥但略发木,肯定不如野生的好吃。

黄鳝虽然好吃,杀黄鳝却相当血腥。菜场里的黄鳝养在塑料盆里,水面上浮着两只油豆腐算是给黄鳝增加油水。黄鳝都是现吃现杀,一块长条木板上一根铁钉,看中哪条捞出来,脑袋用钉子戳穿,开肠剖肚,很快加工成人们需要的食材。有些大的黄鳝生命力特别强,剖成寸段了,带回家时还在塑料袋里"扑腾扑腾"地动,有信佛的老太太一边默念"阿弥陀佛"给黄鳝君超生,一边洗葱切姜准备下厨,互不耽误。

黄鳝买回家都要再加工一下,尤其鳝丝靠近头的部位,经常有内脏和血污的残留。我在餐厅里吃黄鳝,必要挑一两根这个部位的看一看鉴定一下,如果洗得干净,肯定错不了。很多驰名的大餐厅这方面不一定及格,蛮可惜的。

上海吃黄鳝的地方很多,有人做过统计,本帮菜中点菜率最高的两道菜,一是酒酿圆子,另一道就是鳝丝了。某种程度上,鳝丝已经是上海菜的代表,几乎每家餐厅都有供应。

做鳝丝的店家多了,质量也参差不齐。无论做成什么口味,"新鲜"是黄鳝菜的第一要务。如果进过冰箱,这样的黄鳝不用可惜,可以扔了,只有现杀现煮的黄鳝才能上得了餐桌。或许因为这个因素,很多用"中央厨房"供菜的大饭店,炒出来的鳝丝并不及格,反倒是些市井小店,因食材新鲜,深得我的青睐。

以前笔者有个最心仪的面馆,即建国东路靠近顺昌路的阿华辣肉面馆,鳝丝量足,性价比高。老板阿华是祖传的手艺,因为房子是自己的,所以做生意心态很好,不会急吼吼地坑人。我个人喜欢拌面,加上阿华特制的辣肉,是用里脊肉做的,加一点点咸菜,和一般面馆的鳝丝面风味不同。

在阿华那里吃得多了,一来二去成了朋友。有一年春节前的最后一天营业,紧赶慢赶过去,浇头已经卖得差不多了,还剩半份鳝丝。阿华用香菇青菜炒了,一边锁门,一边站在马路边吃了。"今天不好意思了,明年开门,你来吃头汤面!"那是一份老朋友的情意。

松花江路巴林路附近的运光新村弄堂里有家家庭面馆,鳝丝里加了洋葱,甜津津的,纯粹家常味道。众里吃黄鳝千百度,蓦然回首,阿华辣肉面馆所在的建国东路一带已经征收了。阿华年纪大了,决定不再重起炉灶。而运光新村那里的家庭面馆也歇业了。

众里寻他千百度，我记忆中吃过最好吃的鳝丝，当然是我老祖母炒的。她不是大厨，不懂什么"猪油炒、菜油烧、麻油浇"，也没有浓油赤酱，用的只是普通的小鳝丝，却是新鲜刚刚划好的。清油炒了，放一点绿豆芽当"和头"。下了课，我骑着自行车，满头大汗地从弄堂的弹格路赶回家，盛上一碗饭，鳝丝用胡椒粉和麻油一拌，"慢点吃，没人和你抢"，那是记忆中最美好的味道。

叹息。彩云易散琉璃脆，美好的东西迟早都会消失。

老祖母故去多年，我每到这个季节买鳝丝回家，总要搭上一小把绿豆芽。

那一刻，仿佛时间停滞了呢。

吃蟹

秋意正浓蟹脚痒，吃大闸蟹的季节到了。小时候我并不喜欢吃蟹，原因无他，肉少。相比葱烤大排、红烧肉，蟹脚上那点肉实在寒酸，何况蟹并非稀奇玩意儿。所谓"没有比较就没有伤害"，第一次感受到大闸蟹的美味还是在90年代中工作了以后，那时大闸蟹已经身价百倍，不是寻常吃得起了。

有一阵我的要好同学许大毛在乌鲁木齐中路上班，公司楼下就是著名的乌中菜场。有一天相约下班后小酌，在乌中菜场买了几只蟹。为了节约成本，大闸蟹和梭子蟹各两对。回到大毛家打开炉灶一蒸，锅盖一掀时就知道：梭子蟹和大闸蟹根本无法相提并论，闻闻味道已经相差十万八千里，遑论吃了。从此大闸蟹的地位和葱烤大排、红烧肉等量齐观，每年秋风一起总要吃上那么几只解解馋。究竟大闸蟹如何来由？吃大闸蟹又有什么讲究呢？不妨追根溯源讲一讲。

"大""闸""蟹"三个字,连在一起是蟹的品种,分开来是蟹的品质,缺一不可。先说"大"。吃蟹当然要大,小的叫螃蜞,腌了下酒倒是不错,但上不了台面。老上海有句俗语:"螃蜞裹馄饨——戳穿了",能被裹在馄饨里,可以想象螃蜞的体积之小。大闸蟹要大,但也并非一味求大,河海之鲜吃的是个"鲜"字,身躯过于庞大则肉质必然发木,鲜度也就下降了。大闸蟹之大,从前讲究是一雌一雄成一对,加起来正好一斤。老秤一斤十六两,雄蟹九两雌蟹七两,正正好好。换算成现在的度量衡,雄蟹六两不到,雌蟹四两出头,这叫"大"闸蟹,否则总归差点意思。

再说"闸"字,争议来了。有的老师执拗地把"大闸蟹"写成"大煠蟹",读者看不懂还以为写了错别字。其实写成"煠"字自有其道理,因为从前大闸蟹的烧法,不是现在这样蒸,而是放在水里煮的。"煠"字普通话发音类似于"炸"(第二声),我怀疑原是一个字,后来放在油锅里煮叫"炸",放在开水里滚叫"煠",两字从此分道扬镳。我家以前烧蟹就是用水煮的,后来也从俗用蒸,吃起来口味并无太大区别。蟹从煮到蒸的工艺转换,我认为和大闸蟹的商品化有关。从前吃蟹都是湖里现捉,没有人帮你绳捆索绑,一不小心容易被蟹的大鳌夹到。所以平常人家煮蟹,就是一股脑儿扔进大锅,免得不小心弄伤手。后来大闸蟹高度商品化,只只五花大绑,不用再担心被咬,蒸来吃也更为方便。这是我自己琢磨的,并无出处,聊备一说。

虽说传统大闸蟹的烧法是"煠",但大闸蟹还是要写成大"闸"蟹,却是有点说头的。出生于苏州的民国报人、小说家包天笑(1876—1973)曾著有一本《衣食住行的百年变迁》,其中有一节写到大闸蟹中"闸"字的来源,说的是某日在吴讷士(吴湖帆之父)

家作蟹宴,有一位昆山张惟一先生,家近阳澄湖畔,他解释"闸"字:"凡捕蟹者,他们在港湾间,必设一闸,以竹编成。夜来隔闸,置一灯火,蟹见火光,即爬上竹闸,即在闸上一一捕之,甚为便捷,这便是闸蟹之名所由来了。"

鲁迅先生赞美第一个吃螃蟹的人,但人类从什么时候开始第一次吃螃蟹,实在无考。想必最早吃螃蟹的朋友,只是饿得没有

"无肠公子"

办法,江河湖海里有啥吃啥,没有太多讲究。后来因为文人雅士推波助澜,吃蟹成了风雅之事,甚而演变出一套规矩,到"蟹八件"的出现算是登峰造极。一只小小的大闸蟹,竟需要用手术刀般的刀剪斧凿来应付,可见人类对螃蟹的重视了。

蟹如何吃法?当然苏州老吃客是最有发言权了。弹词名家徐云志以吃得讲究出名,他的儿媳妇兼演出搭档王鹰在回忆录中这样写道:"老徐喜欢喝黄酒,家里存着整瓮的陈年花雕,吴爱珠(徐云志的夫人,笔者注)放好碗碟、调料,热好老酒斟上,放上吃蟹工具'蟹八件'……老徐卷起衣袖,用小钎撬出蟹兜,用小剪去掉蟹和尚酥衣,用小锤锤蟹脚蟹螯,用小锄扒,用小钩刮,把白似玉、黄似金的蟹肉蟹黄一起捋到蟹兜里,放入调料,完成准备工作。然后

大闸蟹

举起酒杯一饮而尽,他搅和好蟹兜里的东西,放到嘴里,只听得一片喝五喝六的吮吸声,满兜美物尽入腹中。老徐摘朵菊花擦手,心满意足地说:'美味哉蟹也,此物可称百味之首,美肴之王'……"

蟹的传统吃法应该是把蟹肉全部取出后放在蟹盖里一起吃的,徐云志如此,丰子恺先生有一篇美文《忆儿时吃蟹》,也是这么写的。丰家吃蟹不如徐云志讲究,没有蟹八件,但吃法是相似的:"我们都学父亲,剥得很精细,剥出来的肉不是立刻吃的,都积受在蟹斗里,剥完之后,放一点姜醋,拌一拌,就作为下饭的菜……"丰子恺幼时家庭条件不算优越,蟹是用来下饭的,半条腿的蟹肉要过两大口,半蟹斗的蟹肉则要过两碗。

丰子恺后来礼佛茹素,蟹之美味自然和他无缘。但近代还有一位奇人——以"清道人"著称的李瑞清先生,他对螃蟹的喜爱,十足令人瞠目结舌。李瑞清是清代进士出身,曾经担任两江师范学堂监督(相当于校长),辛亥革命爆发后离开南京寓居上海,以遗民自居,鬻画为生。请他写字没问题,但有"民国"二字,对不起不写。李瑞清居住在南市三牌楼路,家境十分困窘,他在两江师范学堂当校长时给学校定的校训是"咬得菜根，做得大事"，他的生活也确实清贫。但他唯独有一个爱好改不了，那就是吃蟹，吃到人送外号"李百蟹"。有人说他一天吃一百只蟹，此说当然是臆想。要知道李瑞清吃蟹是很讲究的，只只认真，一百只蟹要吃到什么时候？但他一天吃十几二十只还是有案可查的。所谓"李百蟹"的来源，说的是某次朋友用一篓螃蟹找他换画，本来只想换一幅画，不料"清道人"一时高兴，送了一百幅，由此得名"百蟹"。蟹是大凉之物，而且蟹黄蟹膏中胆固醇含量极高，偶一食之自然风雅，天天吃就不那么健康了。李瑞清53岁就中风去世，想必太喜欢吃蟹，也是原因之一吧。

沧浪之水下碗面

上海的老字号饭店、点心店，总的来说名字都比较"俗"。要么就是老正兴、五芳斋、德兴馆、王宝和等等，透着江南小镇的味道，派头不大。要么就干脆上海老饭店、南翔小笼馆，还有洁而精，直奔主题。个人感觉雅一点的，有几家：绿波廊算一家，功德林算一家，还有就是：沧浪亭。绿波廊、功德林暂且不说，单单来说一说沧浪亭。

如今的沧浪亭以面馆闻名，实际上它真正的名字是"沧浪亭点心店"，除了面条，还应该有很多苏式点心，比如条头糕之类。但可惜，沧浪亭好像现在是以面馆出名了。

若谈历史，沧浪亭只是"小字辈"，和清朝就存在的大富贵、老半斋固然没法比，连民国的税都没有交过，它是1950年才创办的。最早开在复兴公园附近，后来搬到重庆南路靠近淮海路，门面朝西。沧浪亭的创始人王寿平是苏州人，原本是观前街一家绸布店的伙计，既然是苏州来的，就地取材，找了个家乡的园林当名字，既好听又雅致。

至于为什么单单叫"沧浪亭"？应该是无心插柳，老先生如果当时灵光乍现，点心店名字取了"网师园"或者"拙政园"，我看也不是没可能。

沧浪亭的面虽然好吃，但我小时候对沧浪亭的感觉却有点怪怪的。原因说起来不复杂，因为它的地理位置，离卢湾区中心医院很近。卢湾区中心医院现在叫瑞金医院卢湾分院，老卢湾一般都称呼它旧时的名字：南洋医院。南洋医院比瑞金医院规模小一点，但病人也比较少，如果是小毛小病，去那里比较清静。可怜我老周幼时，但凡有个头疼脑热，总是先到南洋医院报到。屁股上一针打好，家里大人觉得应该补偿一下，那就要带去沧浪亭吃面了。沧浪亭的面，和屁股上的针成了"固定搭配"，您说这面，还吃得出滋味吗？

有一年感冒发烧，正好我的小姨婆（我外婆的小妹妹）在家做客，由她送我到南洋医院就诊。看好病打完针，姨婆说："小朋友，看你生病可怜，我带你去吃面吧"，来到沧浪亭，姨婆买了一碗香菇面筋面，让我自己一个人吃。我问姨婆你不吃吗？姨婆说不饿。也许是发烧胃口不好，也许是打针药物反应，我勉强吃完那碗香菇面筋面以后，出门就呕吐起来，把一碗香菇面筋面吐得干干净净。

现在回头想来，姨婆哪里是不饿，只是80年代物资依然匮乏，一碗面价格不菲，姨婆经济条件不好，买碗香菇面筋面想必是咬咬牙了，她自己舍不得吃，而我竟把这碗面呕掉了……如今姨婆去世已经多年，每次吃香菇面筋面，我都会想起那天的四明里老沧浪亭和我的小姨婆。

重庆南路的沧浪亭拆迁以后，新址曾经开在淮海中路思南路，后来沧浪亭开了很多分店,质量有点参差不齐,有些加盟店就差把臭鳜鱼、一品锅拿出来了,自然开得快倒得也快。还有些占着黄金地段,价格死贵,食物更是无法下咽。味道还不错的,当然还有几家。

沧浪亭最出名的,是葱油开洋面,也算是一绝。面的模样,"观音头、鲫鱼背"是有的。面的调味,葱脆而不焦、开洋软而不塌。要说真有多好吃,我觉得也就那么回事,葱油开洋面不过是日常小吃,和山珍海味不可同日而语。但沧浪亭的葱开面,倒是可以给其他面馆当教科书来研究,简单的食物,也有属于自己的风骨和体面,不因为利薄而偷工减料。在如今,一筷子下去能挑起一点良心,也是值得倍加珍惜的了。

葱油开洋拌面

"沧浪亭"的店名有点来头，是钱君匋大师的字。据说老沧浪亭的店招是吴湖帆题的，后来毁了，请钱君匋补写，算亡羊补牢。几十年过去，钱君匋的字也是文物了。坐在店堂里吃碗面，能品到滋味之外，还能吃出历史和文化，似乎不能要求更多了。

　　所谓"沧浪之水清兮可以濯我缨，沧浪之水浊兮可以濯我足，沧浪之水滚兮可以吃我面"，对一碗面最高的奖赏，就是吃个精光。沧浪亭的葱油开洋面，面条吃完，碗底是干的，说明汤汁不多不少正正好好，没有点功夫是做不到的。做人的道理，和吃面是一样的，"不多不少正正好好"，这是"凌波不过横塘路"的苏州味，千百年"梅子黄时雨"浇出来的啊。

缺了绿豆芽的夏天是没有灵魂的

近年来，上海的夏天热得有点邪门。回想没有空调的年代，夏天反倒不那么恼人，七月头里短袖上身，就要放假了。夏天有夏天独有的享受：西瓜、棒冰、冷饮水、席子、躺椅、路灯下乘凉的人们，还有冷面。现在的夏天还像什么样子呢？西瓜早就四季供应了，少了那份期待。便利店里的棒冰雪糕一根根冻得硬邦邦的，一看价钱……。屋里有了空调，凉席多年不用了。冷面，也只有冷面，成了今天对少年时代夏天硕果仅存的念想。

后来才知道，要做好一份冷面并非那么容易，要先蒸熟，再用麻油拌和，还要用电风扇吹。如果我没记错，电风扇是80年代才进入上海市民家庭的，之前的冷面是如何冷却的？不记得了。如果面条未经蒸制而直接煮熟，那无论风从什么方向吹，面总是结在一起，绝不会爽快的。调料无非是花生酱、酱油、醋等，功夫在配比。小时候家里做的冷面冰凉爽口，即使是在掌握"蒸"这道关键工序之前，结成一坨的冷面也是我心爱的。因为拌在冷面里的，有我喜欢的绿豆芽。

我们家的绿豆芽，是传统无锡做法，头尾全都掐掉，只留当中一段，掐头去尾的功夫绝不一般，家里老人叫她"白娘娘"。如与韭菜同炒，就是"小青青和白娘娘"。一小碟不起眼的绿豆芽，整出一段《白蛇传》的传统戏。如果和切成细丝的青椒一起烫熟，那是冷面绝佳的伴侣。茭白、肉丝等，反倒是可有可无。妙的是几丝蛋皮，搭在一起像是入了"黄梅时节家家雨，青草池塘处处蛙"的妙境。

可惜现在好的绿豆芽实在难觅了！家里很少开火仓，去饭店吃呢，端上来总是汁水淋漓的一盆，令人食欲全无。人均好几百元的日本料理，想象厨艺总是过关，拿出来的韭菜炒银芽加了黄油，润则润矣，却没了那份清爽。仔细想来，现在餐厅不愿做绿豆芽，也有其道理。炒一盆绿豆芽出来，光是"捡"的工夫就不得了。别的菜，水管子冲冲就行，绿豆芽哪怕只掐一头，也要一根一根操作半天，闲不闲心倒在其次，现在的人工值钱。好不容易捡出来，绿豆芽也卖不出价，进口点美国牛肉澳洲龙虾，简简单单的料理，利润就很高。很多餐厅即使有绿豆芽，也是"全须全尾"，感觉像是《白蛇传》里的白娘娘长了几根髭须，那还谈什么风采呢？

据说苏州有道名菜"绿豆芽塞肉"，是在绿豆芽之中塞进一根细如绣花针的肉丝，号称苏帮菜扛鼎之作。可惜我只是听说，并未真正尝到过。有人说肉丝是用针筒慢慢推进去的，也有人说是苏州厨师手上功夫特别好，真的是像穿针那样穿进去的。其实这样的菜形式大于内容，想来不是我们老百姓有机会品尝的。有一年好友肖恩哥做东，在南京西路吃了一餐令人难以忘怀的私房菜。招牌菜龙圆豆腐、芹黄鹌鹑丝、干烧明虾、麻辣炝虎尾、龙眼甜烧白等,只只经典,但给我留下最深印象的,却是一道不起眼的小菜:火腿银芽。

酒过三巡菜过五味,大厨出来详解了这道菜的做法。绿豆芽虽是道简单的菜,却最考验厨师的手艺,要炒得既脆且香,形状还不能塌了。太生,涩口;过熟,憋了。尤其困难的是,炒绿豆芽不能有汤,这才是对厨师真正的考验。绿豆芽只要一粘盐,就会出水,一出水,豆芽就变得稀烂。怎样让绿豆芽根根有味道,却根根有骨子呢?大厨的解释是不用盐,而纯用火腿的味道和豆芽混合。至于内中的诀窍,师傅只说了四个字:"手上的劲。"

谈笑间,一盆火腿银芽须臾净尽,果然盘底还是干的。与座朋友个个称赞厨师手艺高超,细细回味,我想"不出水"的豆芽可能只是厨师的炫技,真正感动我的,是那一根根掐头去尾的银芽,那是断桥上许仙邂逅的白娘娘,也是烧菜人的一片心。

有位朋友家中自备豆芽机,据说操作简便、一看就会,节能环保、经济实惠。要说诀窍,无非一个字,上海人人人都会:孵。有好事者提问:不知咖啡豆放进豆芽机能否孵出豆来?好友沉吟良久,回了三个字:你试试。

做葱油饼的驼子和胖子

古代汉语里,"子"是个尊贵的词,孔老二一辈子辛辛苦苦传道授业解惑,百年之后被人尊称为"孔子",引用他说的话,要写"子曰"。公侯伯子男,五个贵族等第,"子"排在第四,绝对可以"老三老四"。但在上海话里,"子"只是个普通的词,而且常常和人的生理缺陷联系在一起。说不出话的,叫"哑子",听不见的,叫"聋子"。从前的残疾人工厂,上海话叫"瞎子厂",可见眼睛看不见在各种残疾中排在第一位,是最痛苦的。脑残叫"痴子",一般自己觉不出来,还挺得意。瘸腿倒不叫"瘸子",因为上海话里不用"瘸"这个字,叫"跷脚",或叫"折脚",形容其走路一高一低的样子。驼背?那就叫"驼子"了。说到驼子,上海最出名的"驼子",恐怕要算做葱油饼的阿大了。

想起阿大葱油饼,纯属偶然。有一天想订份早餐,打开外卖平台看到"阿大葱油饼"字样,好奇点了进去。点进去不要紧,一看真是吓一跳。听说前一阵阿大葱油饼涨价了,引来很多朋友惊叹。但外卖平台的价格,那才叫令人咋舌:5只128元,6只150元,另外需代购费10元。也就是说外卖平台上代购的葱油饼,平均每个的价钱在25元左右,且订单提交后需要等2—3个小时。我注意到那个月有十几人下过类似的单,每天平均有一至两单。阿大葱油饼,就是那么火。

说起来,阿大和我同学大毛是邻居。当年的南昌路、茂名南路一带有不少好吃的,什么金师傅馄饨、粥天粥地等,后来都没有了,唯独"驼子"的葱油饼发扬光大,成了网红追逐的对象,甚至登堂入室,成为"工匠精神"的象征。学生时代我们经常在大毛家"做功课",大人下班之前,所谓的"做功课"是什么意思,恐怕不必我多作解释。忽然大毛妈妈回来了:"你们这帮小鬼啊,书不好好读,将来做葱油饼去!"

如果是现在,我们或许可以理直气壮地回击大毛妈妈:"阿姨,做葱油饼也能赚大钱呢!"但那个年代怎么敢这么讲,赶紧跨上自行车一溜烟地逃了。大毛妈妈是五星级酒店的西餐厨师,在大毛家总能吃到香喷喷的面包蛋糕边角料。葱油饼?阿大?当然没放在眼里。

一转眼,时光飞逝如电。从大毛家一溜烟飞走的自行车,一飞飞得很远,飞了很多年。大毛在闵行买了房子,阿姨工作过的五星级酒店也有了岁月的痕迹,据说生意不佳,好在阿姨退休了,做蛋糕的手,抱起了孙女,冲起了奶粉。倒是老邻居阿大,生意越做越好,名气越来越大。上海本地的电视台报纸竞相报道,都不算什么,连国外媒体,都来采访过好几轮。当年大家都不放在眼里的葱油饼,成了上海的一道风景。开在南昌路时,我还曾利用闲暇时间买过两

葱油饼

只尝尝,自从成了"网红",每每看到排队的长龙,自己就打了退堂鼓。"算了算了,我也算吃过的",自我安慰一下,离开了。

是啊,葱油饼,又有什么花头呢?无非就是用料要足、要精,做饼的手势、烘饼的火候,都要掌握得法,其实就是手感,熟能生巧的。我不知道现在的阿大葱油饼口味如何,以前还吃得到时,我觉得葱放得太多了,反而影响口感。因为葱是切成末的,大量的葱放在饼肚子里煎了再烘,一定会出水,瘪踏踏、糊哒哒的,未必好吃。好的葱油饼,葱不必多,油酥要到位;饼不必厚,两面要煎透。为什么阿大葱油饼会放那么多葱?我猜测可能是价格放在那里,要让食客有"货真价实"的感受,葱放少了,不合适。

葱油饼是家常小吃,上海早餐的所谓"四大金刚"里,并没有它的名字,可能是因为它太家常的原因。大饼、油条、豆浆、粢饭,自己家里做是比较麻烦的,葱油饼简单得多。以前上海人家家户户用钱都紧张,一分一厘都要精打细算,自己家里能做的,就不出去买了。当年的阿大如果掌握做大饼油条的技巧,我想他一定不会去做葱油饼。不过话说回来，葱油饼的制作工艺虽然简单，但要做得好，还是困难的。面团要揉得好、摊到位，油酥和葱的比例要调节得当，真要让人齿颊留香，绝对有难度。上海滩除了阿大，有名的葱油饼不少，什么凤阳路小扬州、瞿溪路菜场李向阳……而我吃过最好的葱油饼，出自我的好朋友蔡小犇老师之手。

蔡老师葱油饼成为传奇，有其天时地利人和之妙。他父母都是老革命，父亲来自香港，养成食不厌精的口味。母亲来自山东，做面食的手法似乎是基因里本来就有的。蔡老师更是有一双巧手，从事的是制景、美工的工作，却是油画科班出身。谁承想，在丢掉画笔三十年之后，疫情让他重拾画笔。

上海人的手，是有魔力的，拿出来的东西，就是不一样。因为上海人做事比较精细，一般都是观察、分析，掌握了原理后才动手，一板一眼，"生活清爽"。有这样的心和这样的手，画画会成功，做什么事都会成功。做只葱油饼？更不在话下。

我只是担心，蔡老师一旦重拾画笔，会不会不做葱油饼了，重油葱油饼可不能成为吃不到的"奢侈品"啊，哎呀，那可怎么好？

文章结尾再点个题，说说"子"。蔡老师拥有100公斤以上的体魄，但上海话里，他这样的人不叫胖"子"，而叫"大块头"。

三虾面和炒肉面

春夏之交,三虾面又上市了。不知什么时候起,可能是因为中央电视台某部热播的美食纪录片的宣传吧,苏式生活成为上海的时尚,其中的代表就是三虾面了。

所谓"三虾",即虾籽、虾脑、虾仁,只有在初夏时节,一只完整的河虾才会"三虾汇聚",完全符合孔夫子所谓"不时不食"的古训。吃三虾面讲究现剥现炒现拌,动作稍微慢一点,面条可能结块,虾也会腥,所以仪式感很强。某家从苏州开到上海的面馆即以"三虾面"为招牌,每天顾客盈门。也有人认为吃面还是苏州好,驱车或搭高铁专程到苏州吃"三虾面"者,不在少数。春夏的三虾面,秋冬的蟹粉面,俨然成了苏州面馆的脸面、体面生活的象征。蟹粉暂且放在一边,单说三虾面,果真高雅吗?窃以为不然。

江南水网密布之地,传统上来说鱼虾并非稀罕物事。春夏之交

三虾面

河虾带籽带黄,再平常不过。渔民河里一网下去,捞上来小鱼小虾,水煮也好红烧也罢,终究不如米饭猪肉来得爽气。虾籽味鲜,却也不是特别了不起的食材。苏州采芝斋的虾籽鲞鱼、虾籽酱油,都是平民百姓消费得起的普通调味品,过过粥、吊吊鲜头的。如今河网萎缩,河虾即使是养殖货,也物以稀为贵。每年只有这个季节才有的虾籽,价格就更加水涨船高了。一旦价格上涨,原来并不起眼的平民食物籽虾,也就登堂入室、身价百倍了。

吃三虾面者,莫不以"奢侈"自豪。可惜江南人文荟萃之地,"奢侈"本身绝非体面的生活方式,节制、节俭、惜福,才是江南文化源远流长的精髓。面条对于苏锡常地区的人来说,是点心,而不是正餐。点心点心，点点心意思意思的，不能吃得太饱，因为还要吃"饭"的。所以面馆的浇头，终究以咸菜、辣酱、素鸡、荷包蛋为主流。如果想吃炒菜，完全可以到餐厅坐下来点几只小菜。苏帮菜馆这个季节自有炒三虾、樱桃肉等当令美食，何必到嘈杂的面馆里摆排场呢？没有经济条件或没有时间去餐馆，才会在面馆里解决正餐，鳝丝、焖肉、爆鱼等都可以让人大快朵颐，但那和"优雅"二字又有什么关联呢？

更有甚者，有的苏州面馆不在口味上下功夫，装修越来越精致，价格一涨再涨，食材越做越差，噱头倒是越来越多。请几个阿姨来，在店门口像模像样地剥虾，或者老板坐在店堂里，鉴貌辨色地为尊贵的客人"亲自拌面"，这些都像是行为艺术表演，而偏离了苏式面作为民间美食的本质。花头搞得再透，而我衡量一家面馆的标准，还是这几条：一锅子汤熬得到不到位？一筷子面下得爽不爽气？这家面馆从老板伙计到吃面的朋友，是"哇啦哇啦"朋友多，还是"闷声不响"朋友多？来吃面的朋友，是来寻味的，还是来晒朋友圈的？

和三虾面相比，我更喜欢苏州家常的炒肉面。或许这款面太普通、太寻常，在上海要吃到这一口，并不容易。

说起来，炒肉面的名字多少有点名不副实，"肉"只是一丁点儿碎末，似有若无。面的主角是素菜，香菇木耳金针菜之外，最抢眼的是扁尖。春季过后，鲜笋已不可得，扁尖无论和冬瓜一道煮汤，还是和肉丝同炒，风味均是极佳。炒肉面成为夏天的食物，我猜是扁尖的缘故。炒肉面貌不惊人，来头却不小，各家苏州面馆都有供应，却以玄妙观隔壁的黄天源糕团店最为出名。

苏州老字号面馆的历史大多不超过百年，陆长兴、东吴，都是改革开放以后开起来的，朱鸿兴创办于20世纪30年代，创办于1865年的观振兴已经算很老了。但在黄天源面前，这些面馆都要叫声"老阿哥"，它是清朝道光元年（1821年）就有了。黄天源在苏州属于"外来户"，创办人黄启庭是浙江慈溪人，一百多年来经营的都是糕团。原先肯定是创始人从慈溪带来的浙东风味，后来逐渐演变成苏州特产。黄天源经营馄饨汤面，还是在1949年以后，当时的经营者顾念椿到无锡王兴记馄饨店参观学习，引进了炒肉面和虾肉大馄饨。如此说来，苏州这一碗"市民炒肉面"，来源是隔壁的无锡。宁波来的糕团，无锡来的汤面馄饨，黄天源这家老字号颇有上海人"海纳百川"的气派呢。

小小一碗炒肉面，却是衡量苏州面馆品味的一大标记。无他，正因为炒肉面的名不副实，里头的肉只有"一垛垛"，不过是搭"一滴滴"鲜头而已，卖不出价钱。出手豪阔的外来客，怎会朝六块七块八块钱一碗的面多看一眼，他们眼睛瞄的，都是爆鳝爆鱼虾仁蟹粉。只有实实惠惠的苏州本地人，才懂得炒肉面的奥妙。前两天一位好友到苏州寻面，问我有何推荐。我说：找有炒肉面的面馆，必定没错。未必一定要吃这一味，但有炒肉面供应，说明有本地人光顾，不是那种专斩外地人的连锁店，靠谱。

上海大街小巷开了不少苏州面馆、苏州汤包馆，我不知道它们和苏州有什么关系，反正炒肉面这一味，基本看不到。

重庆南路复兴公园对面的春园面馆号称百年老店，我从小吃到大。以前店里有一味"八鲜面"，是用香菇木耳金针菜再加其他配料炒肉米，味道和苏州的炒肉面极为相似。后来换了东家，不知八鲜面是否还有。

偶然的机会，我在微博上看到复旦大学严锋老师推荐宛平南路一家面馆,说是颇有苏州味道。进门一看,果然有炒肉面供应。面端上来,说实话比苏州的炒肉面有差距,没有扁尖,用的只是罐头笋,金针菜也免了。但碗盏对头,汤头对路,我还另叫了一客焖肉,壮笃笃正好。吸溜一口,神游姑苏。

前两天走过宛平南路,发现那家面馆已经关门歇业,不禁怅然。

杏花楼玫瑰豆沙月饼

都说国营的餐饮企业经营不好,我看未必。别的不说单看杏花楼,我看搞得就很好。每年清明青团端午粽子中秋月饼,这家百年老字号总能推陈出新,福州路总店门前排的长队,能一直排到福建路还要拐个弯。沿途的古籍书店、吴宫大酒店等,只能眼巴巴地看着排队的人流站在他们门口而徒呼奈何。每年到这个时间段,福州路还没到就有"黄牛"凑过来,问的只有两句话:"月饼票有伐?""月饼票要伐?"

每年月饼送来送去,吃却未必吃。小时候,月饼分广式、苏式和潮式,百果、金腿、五仁、莲蓉等,口味多得不得了。如今这些口味的月饼只有老人还在吃。年轻人偶尔在办公室打开一盒不知道谁送的月饼,小心翼翼地拿一只出来当下午茶,还有特别注意健康的朋友专门把咸蛋黄抠出来,油腻腻地拿在手里问:"侬要吃伐?勿吃?掼特啰……"以前我什么口味的月饼都吃,现在只吃两种:鲜肉月饼和杏花楼的玫瑰豆沙。

　　鲜肉月饼先不说，单来讲一讲这款我的心头好：杏花楼玫瑰豆沙。豆沙月饼各家都有，但我个人独好杏花楼，盖因其有三大好处：一，当然是甜啦。豆沙月饼不甜还不如不吃，杏花楼的月饼糖分很足，完全没有考虑高血糖高血脂朋友的感受，当然在口味上就占了先机。豆沙之外，还加了玫瑰油，花香豆香完美结合，自不是凡品可以比的。二，当然是油啦。月饼不油不好吃，太油则吃不消。市面上其他种类的豆沙月饼要么油太少干麸麸的，要么就一整块猪油塞在里头，让人吃了"吊恶心"。独有杏花楼这款月饼油而不腻，用以前本帮菜厨师的行话，叫"汪油包卤"，正正好好。三，当然是买起来方便啦。月饼再好吃，如果要排队才能买到，那就没有意思了。这款月饼便利店就能买到，价钱虽然不便宜，好在不是当饭吃，点心点心么，点点心的，贵，就贵一点吧。又甜又油的玫瑰豆沙配上一杯黑咖啡，作早餐也可以，当下午茶更是绝配，本季当造，非它莫属。

　　杏花楼在上海算是老字号中的老字号了，官方记载的创办时间是1851年。最早开在虹口，搬到福州路这个地址是1883年。上海很多老字号，推来推去只有七八十年的历史，还要冒充"百年老店"。要知道杏花楼早在1948年，也就是在上海解放前一年，就办过97周年纪念，光是这点家底，足够在上海滩笑傲了。不过杏花楼早期的历史记载并不多，1851年成立时不过是个经营广东汤水和粥的夜宵小店，后来又经营过粤式茶楼和西餐大菜，连创始人的名字都无从查考，只知道叫"胜仔"。那时候上海滩上有多少个小广东叫"胜仔"？究竟哪个是杏花楼的主人？不得而知。直到1927年，主厨李金海掌权以后，这才开始了杏花楼的神话，屈指算来，那也有足足

杏花楼玫瑰豆沙月饼

90多年了。李金海很有经营头脑,当时上海最有名的广式月饼是冠生园、陶陶居和锦芳饼家,李金海采用的办法很简单,就是买来这三家的月饼,请高手试吃然后模仿,几年以后,徒弟超过师父,杏花楼一跃成了"海上第一饼"。

生意一旦做开,杏花楼开始搞"企业文化"了。1930年,杏花楼请来清代末科榜眼、广东同乡朱汝珍先生题写招牌,这块招牌一直用到现在,哪怕是几元钱一块的月饼,上面都有朱汝珍的字印着。

朱汝珍是光绪三十年(1904年)科举末科的榜眼,也就是亚军。野史中记载,朱汝珍本来是要点状元的,试卷送到慈禧太后手里"钦定",老佛爷看到姓朱,一不开心;再一看是洪秀全、康有为、梁启超的老乡广东人,二不开心;仔细一看名字里有个"珍"字,便想到了被她推到井里的珍妃,三不开心。于是朱汝珍从状元变成了榜眼,于是直隶肃宁(今河北沧州)人刘春霖,成了中国最后一位状元。这个传说说得有鼻子有眼,不过在我看来多少有些不经。朱汝珍"黄金榜上偶失龙头望",想来另有原因,这段故事无非是为他抱不平,说明他的才学文章,绝不亚于状元刘春霖。

朱汝珍没当上状元,但他对清朝可说是孤忠自持,痴心一片。辛亥革命以后朱汝珍以遗民自居,人家请他写字,只要有"民国"二字,他一律不写。溥仪到满洲国以后,他曾经上表称贺,这是他历史的污点。但他在日军占领广东、香港之后,又从香港移居上海,始终没有和日本人合作,保持了晚节。字如其人,朱汝珍的字也是中正平和,很有骨气,因此流传至今。

除了朱汝珍题写的招牌,杏花楼出名的还有月饼盒上"嫦娥奔月"的图画。原版图画是1933年时由上海著名画家、月份牌大师杭穉英所画,并配有"借问月饼哪家好,牧童遥指杏花楼"的诗句。

后来杭穉英的画和印模都毁掉了。20世纪70年代杏花楼曾请唐云补画，不知为何也没有流传下来。现在看到的杏花楼月饼盒上的画，是1985年由另一位月份牌名家李慕白先生所画。李慕白是杭穉英的同乡、连襟兼徒弟，多少算是弥补了杭穉英原画被毁的遗憾。

中国人到了中秋，终究要吃一枚月饼，这是一种民俗、一项仪式。我写了那么多，并没有为杏花楼做广告的意思，他们生产那么多种月饼，我只喜欢玫瑰豆沙一种，而且还是没有蛋黄、没有流心、更没有肉松鲍鱼的便宜货而已。玫瑰豆沙在上海人心目中的地位非常高，当年我的老领导白李老师在北京工作，每年心心念念就想吃上海的杏花楼玫瑰豆沙月饼。凑巧我经常到北京出差，就买上一盒给老师送去。

杏花楼除月饼外，餐厅也很出名。有一年一位远房亲戚做寿，老人坚持要放在杏花楼。传说中的名菜咕咾肉、蚝油牛肉什么的，摆了一大桌。只不过寿宴上人头攒动，坐不了几分钟就要站起来敬酒，桌上的菜究竟什么味道，一点印象都没有了。

"你的生煎包过一过"

有个调侃上海方言的段子,说坐地铁过安检时,保安说:"你的双肩包拿下来过一过。"结果乘客把手上的生煎包递了过去。这个笑话应该属于新上海人一知半解的创作,一来上海话里"双肩包"和"生煎包"的发音有较大区别,上海人一般不会弄错;二来沪语中一般不用"生煎包"这个词,而是称作"生煎馒头"。

北方叫作"包子"的,上海话一概称为"馒头"。生煎馒头、小笼馒头、肉馒头、菜馒头……北方的馒头,上海话叫"淡馒头"。这个笑话虽然有点扯,但从一个侧面说明了一个事实:生煎馒头是上海的某种象征,不管它名字是什么,内容怎么样,但全国人民认可它。

在上海的点心中,生煎馒头无疑具有相当高的地位。我猜想,是因为小小一只生煎,蕴含了物资匮乏时代一个人对食物所有的梦想:肉、面粉、油、葱、芝麻……记得小时候,也就是吃根棒冰只要四分钱的时候,一两生煎的价格是一角四分。因为生煎好吃,尤其适合全国各地人的口味、符合"小康社会"的集体梦想,所以近年来虽然上海传统点心大多式微,生煎馒头却一枝独秀,各种生煎馆更是如雨后春笋般此起彼伏,生意大多很

生煎馒头(蔡小犇绘)

好,价格日涨夜高。吃着吃着,争议来了:生煎的馅子究竟该不该有汤?生煎的收口究竟是朝上还是朝下?

生煎的馅子有没有汤,生煎的收口朝上还是朝下,这其中既没有历史与文化,也不存在什么阴谋与爱情,无非是人吃东西的习惯和商家控制成本的需要。老上海说生煎,最喜欢谈"大壶春"。大壶春是上海传统生煎的代表,馅里的肉是一整块的,只有一些自然流淌的汁水,显然和现在大行其道的"一口一包汤"的生煎是两个路数。追溯历史,大壶春最早开在四川中路,生煎是周边钱庄、银行工作人员"点点心"的小吃,人家回去还要吃饭的,并不需要吃太饱。一客四只,正正好好。

至于收口朝上朝下的问题,原本我也不太明白,后来读了沪上美食作家沈嘉禄先生的一段文章,终于解开了谜团,特此摘录如下:

> 过去师傅煎生煎是先将馒头收口朝上,整齐排列在平底锅里,浇一圈菜油,再洒一碗水,顿时,一股香喷喷的蒸汽冲天而起,无数细小的油珠四处乱飞。师傅赶紧将油滋滋的锅盖压

上,再手垫抹布把住锅沿转上几圈。当时食油金贵,煎出来的馒头,底板薄,一不小心就又焦又黑,铲了不当心就破,顾客就有意见。现在师傅神气了,馒头排队完毕,直接将油倒在锅里,让每只馒头都吃足油水,煎好的馒头底板黄金,像得了勋章一样神完气足。大多数店里的生煎都将收口放在下面,这样底板又厚又脆,吃口更爽。

可见,收口朝上还是朝下,无非是一个成本问题。馒头的收口处面粉厚,褶子会吸很多油,老底子油还是很金贵的,吸太多,馒头是香了,但商家划不来。所以用比较薄的一面"吃油",香味有了,成本也得到有效的控制。君不见如今的大壶春,价格较低的传

正待出锅的生煎馒头

统生煎收口是朝上的,而新推出的虾肉生煎价格不菲,收口竟是向下的。这难道是"胡汉不两立、王业不偏安"的意思么?

另一个关于上海生煎的问题是:一客生煎为什么叫一"两"呢?再偷工减料的生煎,一客四只也是有点分量的,胃口一般的人吃二两足够了,谁夸口自己能吃半斤,那不是大胃王就是疯了。很多北方人到上海,把生煎当他们的包子,半斤包子上来,根本吃不下。其实,一"两"生煎的说法,我猜测是计划经济时代粮票的用量,一客生煎用一两面粉,收一两粮票。就像上海人的绿豆汤,收半两粮票,感觉粮食不大够,会舀一勺糯米饭在里头。这是老上海人的体贴和实在,没有经过那个年代的人又如何能懂呢。

近年来以小杨生煎为首的创新生煎横空出世,传统生煎的市场受其挤压,感觉成了博物馆里的藏品了。小杨发迹于吴江路,离我工作单位不远,十几二十年来倒真是目睹了它的变迁。不少老上海人对小杨生煎很不屑,总感觉味道不正宗。我倒是觉得:食物最重要的还是口味,形格势禁,世界变了,食物不可能一成不变。你看小杨生煎当年在吴江路,天天排长队;如今开连锁,家家生意好。这不是没有道理的。因为它油多,汤水多,个头大。对忙忙碌碌的新上海人和上班族们来说,他们哪里有空探讨生煎的那些讲究?哪怕吃的是一包肉皮冻,但鲜美、耐饥,有什么问题呢?更有甚者,近来又"发明"了一些闻所未闻的新品,生煎馒头的馅子里放进了大虾、干贝、蟹黄、甚至原只鲍鱼……对此我不予置评,那已经不是作为午后点心的生煎了。

其实老上海人上几代也是新上海人,如今的新上海人也会变成老上海人,上海就是这样海纳百川。上海的篮球巨星姚明,据我所知,他的最爱就是小杨生煎呢!他喜欢吃新口味的生煎,似乎也不能说他就不是上海人了吧？

　　不管外头的生煎馒头做得多么离谱，上海人只需要有几家传统生煎店还开着，生煎炉子的旁边还烧着滚烫的咖喱牛肉汤，就满足了。在某个假日的午后，他们走进油腻、低矮的老式点心店，往碟子里倒点醋，有些人会把醋浇在筷子上消消毒。那一刻他们仿佛回到了年少时代，夹起一只生煎馒头，他想起的是自己的奶奶、外婆，还是记忆中的某个人呢？

弄堂砂锅馄饨

据说出生于静安别墅的徐根宝爷叔每次回老家必做两件事：剃个头，吃碗馄饨。咦？崇明根宝基地的馄饨已经很有名了呀，根宝爷叔还有自己的配方，他为啥还要专程回家吃馄饨呢？有机会我要当面问问爷叔，不过答案我能猜到几分：那是家的味道。

根宝爷叔十几岁就当兵离开上海，大半生漂泊在外，除了一口改不掉的弄堂普通话，很多方面都活脱脱是个体委大院里出来的北方人了。也许这碗馄饨，这碗蛋皮榨菜猪油汤底的砂锅馄饨，是他的某种执念。人在某些时刻都会有执念，就像今天下午我下了班，自行车骑到威海路茂名北路口时，忽然想起这碗馄饨，于是龙头转个弯，就到了陕西北路口的弄堂小馄饨食府，后面还要加个括号：原静安别墅。就像身份证号310106开头的朋友，当有人问他们来自上海什么区的时候，都会加重语气强调一下：静安，老静安。

关于静安别墅小馄饨的故事，说的人也多，听的人也多，恐怕也说不出什么名堂了。80年代,大家都在为生活奔忙,即使只有蝇头小利,能坚持下来就是胜利。有个小店面,哪怕只有一个小铺位,薄利多销,慢慢就有了口碑。做餐饮能否赚钱,真的是一命二运三风水,和口味有关系,但没有必然联系。在这个成功机会比旧时代考科举还小的行业,阿跷成功了,店面每天都要排队,忙到来不及做。经验都是成功者总结的,于是有了江湖传闻。用料新鲜啊,原汁原味啊,汤头鲜美啊……其实都不算什么不传之秘。在我看来,阿跷的成功无非一靠天时地利,静安别墅的热闹带来了客流。二靠价廉物美,在上海滩,在南京西路,你确实很难以这个价位吃到一份满意的食物,尤其为你端上这份热腾腾的馄饨的,是一双上海人的手。

上一次到阿跷店里吃馄饨,还是疫情之前。今天去,是临时起意,倒也无心插柳。平时一到饭点,弄堂小馄饨食府门口总是排着长队,大多是慕名而来的朋友。今天吃晚饭的时候还没到,店堂里没什么人。这里吃馄饨的规矩我知道,只收现金不扫码,老板一本正经在电视上说过,钱装在口袋里是钱,存在银行里是数字。咦?现在规矩变了,也可以扫码了。为吃这碗馄饨我特意换了些"喇头分"在口袋里,以后知道已不需要了。

除了砂锅馄饨,这家店的红烧大排是一绝。裹得厚厚的包浆,油炸以后再用红烧汁浸泡,大排肉软硬适中,既不柴又不烂,确是一绝。怎奈下午来,红烧大排已经卖完了,只剩炸猪排,我就没兴趣了。那就来一碗砂锅小馄饨吧。

一碗馄饨端上桌,客人开始慢慢多起来,小小的店堂有点满了。阿跷今天炸了碗臭豆腐,显然他很满意,端着碗在店堂里转来转去,熟络地和老朋友们打着招呼:"今朝吃啥?""侬今朝伐吃辣肉面?""荷包蛋?荷包蛋唔没了,酱蛋?哦哟,馄饨里有半只酱蛋的,勥点了勥点了"……每和一位客人寒暄,他就客气地搛一两块臭豆腐放在人家的碗里:"侬吃吃看,个只臭豆腐味道真额嗲……"

我吃饭是很少和老板搭讪的,但阿跷并未因此轻视我,我也分到两块"特供"的臭豆腐。别说,闻闻臭吃吃香,真的是好东西。"尝尝味道!""味道可以!"

告别阿跷的"食府"(其实只是家小店),跨上自行车回家了。像静安别墅弄堂小馄饨这样的小店,以前上海有很多,现在不多了。要说他们的食物有什么特别好吃,要说他们的创业经历有什么传奇,我想也就那么回事。他们只是普通的上海人,有着普通上海人的创业故事。不管什么原因,总之为了生活,他们做起了小生意,如果做馄饨不成功,也许他们就改行了,开面馆、开餐厅、开差头、做"打桩模子"、当保安,或者运气好,寻着个单位,泡杯茶吃吃香烟。这样的小店此起彼伏,阿跷幸运地成功了,可能一开始他们自己都没想过会这么成功,慢慢也就适应了。再后来,太多的上海小店关了,阿跷的店还在,成了上海人的一种念想。在一家只要十几块钱就能吃饱的地方,享受一碗经由上海人的手端出来的馄饨,再和老板说说上海话,简直成了奢侈。

所以,即使小店已经离开了静安别墅,但阿跷和徐根宝一样,也是静安别墅的名人了。熟悉根宝爷叔的人说,静安别墅出来的他,也喜欢给人搛菜。

老静安喜欢给人搛菜,不晓得新静安什么情况。有一次到延长路办事,听说那里有家著名的网红砂锅馄饨,因为天下雨且过了吃饭时间,店里没什么人,于是"错峰吃馄饨",尝尝新静安的美味。

这家馄饨店出名是因为配料可以自己加,紫菜、虾皮、蛋丝、猪油、猪油渣……传说你要是客气，老板还不高兴，会鼓励你："加呀，猪油渣再加点"，说得有些不吃肥肉的女孩子还怪不好意思的。

要说这家馄饨店有多好吃，谈不上。只是这里的馄饨菜、肉都很新鲜，没有进过冰箱。我吃口淡一点，而我的朋友也舟兄是宁波胃，他下起手来是比较重的，我们不同的口味在这里各得其所，两个人加起来，所费不过40元而已。

和老静安的阿跷相比，延长路的馄饨是另一个故事，一个在上海苦苦打拼，用性价比赢得众多回头客的故事，当然这样的故事也会有后续。吃好这碗馄饨以后，嘴巴干得不得了，喝了一杯咖啡，不过瘾，又吃了一客冰激凌。

此前我带的矿泉水，早就喝完了。

拼盆

有朋友请吃饭,约在近郊某地。酒过三巡菜过五味,做东的朋友才说本地有一味老菜"拼盆",问大家有没有兴趣尝尝。"拼盆"二字出口,座中当即一致叫好。无多片刻,一只小拼盆端上桌面,白鸡白肚白切肉、红肠、糖醋排骨、熏鱼,几只油爆虾上头是一撮肉松,花生米铺地——果然是久违了的宴客迎宾菜"拼盆"啊。

曾几何时,拼盆是上海人"开桌头"必用的一道菜,各种冷菜小吃放在一个硕大的盆子里,喝喝酒聊聊天,待到炒虾仁上来,就是上热菜了。拼盆里放什么料颇有讲究,考究的鸡鸭鱼肉一样不少,寒酸点呢,皮蛋烤麸凑凑数。如果一桌坐满十二人,大抵所有菜都想尝到是不大可能的,要吃白鸡白肚熏鱼,要眼明手快却又不失礼数。总要长辈先动筷,然后才好下手。

说起来拼盆是物资匮乏年代的产物,总共就那点粮票肉票,六碟八碟怎么端得出来,但又要体面地摆上一桌,所以有了"拼盆"

这样富有时代特征的菜式。大概90年代以后,大家都有点钱了,点菜不再那么"抖抖索索",拼盆逐渐淡出了上海人的餐桌,代之以几荤几素的冷菜(也叫前菜)了。"拼盆"二字逐渐被"拼盘"取代,什么卤水拼盘、烧味拼盘,更有东北大拉皮,而传统的上海菜"拼盆"已经少有人问津了。

说到拼盆,不得不提红肠。上海的红肠大抵是当年流落申城的白俄或犹太人带进来的。红色的肠衣里包裹的,是看不到肉形的肉泥,当然掺和了大量淀粉。但因为五味调和得当,倒也别有风味。和100%纯肉的叉烧相比,熟食店供应的红肠价廉物美,既能让人尝到肉的味道,价钱却比肉便宜得多,自然成为上海人的心头好。

后来上海冒出许多"老上海红肠",有些做得体积惊人,再切成夸张的厚片,肉含量好像也提高了。但当年红肠的香味,却难再寻觅了。

2018年世界杯,我因为工作原因来到了红肠的老家俄罗斯。超市里红肠琳琅满目、价廉物美,繁忙的采访工作之余,俄罗斯的红肠夹面包是我和同事主要的工作餐。我发现俄罗斯的红肠口味和上海老式红肠极为相似,但有一点不同:俄罗斯红肠基本上是纯肉的,淀粉含量很低。毕竟,在那个我们用红肠替代肉的年代,他们是我们的"老大哥"呢。

还有白鸡。老底子拼盆里的白鸡不讲究骨头带血水,都是烧透的。口感当然要柴一点,好在那时候大家能吃鸡就很开心了,老嫩程度不在重点考察行列。多数人认准"草鸡"的鲜味远胜"白洛克",洋鸡是不受欢迎的。

大概是吕凉主演的电视剧《小绍兴传奇》开的头,皮脆肉嫩带血水的白斩鸡取代了传统的白鸡,嫩则嫩矣,老式白鸡的鲜味却损

拼盆

失了很多。再后来，清远鸡、盐焗鸡、豉油鸡、海南鸡等等，不一而足，上海人餐桌上的鸡种类越来越多，鸡的品种不太考究了，很多拼盆里用的也是白斩鸡，吃起来总不如原来的白鸡来得过瘾。

在我看来，所有这些拼盆也好，大拉皮也好，没有一样像拼盆那样体现出上海人海纳百川、包容万有的性格特征。你看不管是白鸡白肚白切肉全套配齐的高档拼盆，还是红肠方腿松花蛋凑数的"平替"拼盆，所有菜都保持自己的原味，绝不"汤汤滴滴"，也没有"拖泥带水"。鸡有鸡味，肉有肉香。就像上海人，从五湖四海来到上海这个大盆子里，但宁波人还是宁波人，苏北人还是苏北人，习惯有差异，说话带口音，各自保留各自的独立性。拼在一起时，各司其职组成一道好菜，好看，更好吃。所谓"君子和而不同"，在拼盆这道菜里体现得淋漓尽致。

然而，"拼盆"的时代在上海已经成为过去，连卤水拼盘、东北大拉皮都不怎么流行了。如今流行的是什么呢？火锅、冒菜、麻辣烫。看似鸡鸭鱼肉牛羊海鲜吃得热闹，但汤都是一个汤，不管什么食材，吃起来全是一个味。尽管用"鸳鸯"甚至"九宫格"隔开，还是免不了要串味。更有甚者，不良商家用地沟油充数，外加"一滴香""牛肉精"，管你是澳洲龙虾、美国羊肉，还是过期蔬菜、药水内脏，拿到那个锅子里一涮，全都成了盘中餐、食中味。吃完以后肚子时常闹抗议，在家闹倒还好，商场里翻江倒海起来，真是难受，所谓"小人同而不和"，莫过于此。

可惜上海人多已不识"拼盆"真味，礼失求诸野，这么有品格的老菜，要专门驱车到郊区才吃得上呢。

疗伤大肉粽

端午现在也是国家法定节日，却不知谁想出来不能互道"快乐"，要说"安康"。这个词以前不怎么用，这几年忽然流行起来。除了大家"安康"来"安康"去，无非就是吃个粽子了。

以前端午只是民间节日，成为国家法定节日是近两年的事。从前端午虽不放假，气氛却很浓，粽子都是自己家里包，家家户户门上挂菖蒲，大人不知从哪里找来雄黄，在小孩的额头认认真真地写个"王"字。让白蛇娘娘喝了现原形的雄黄酒见过，可惜不曾尝过。如今端午节成了法定节日，气氛却差了很多，大多数朋友当它是个普通节日。

以前端午节有一项盛事是划龙舟。上海的龙舟赛照例在苏州河上开展，是一年一度城市重要的景观体育。不过在我看来，如今的龙舟赛竞技成分居多，民俗味道不浓。不少朋友看到过一套老照片，是1948年上海黄浦江龙舟赛的旧影。和现在的苏州河龙舟赛相比较，我相信那时竞技水平是不高的，但对看热闹的人来说，却更好看。因为老底子划龙舟，又叫看龙船，谁划得快只是其次，看谁造型拗得好，谁的船歌唱得好，那才是主要的。

如今老百姓过端午节，最重要的民俗是吃粽子。以前粽子只有端午节有得吃，现在一年四季都有了。我们小的时候主要是吃白米粽和赤豆粽，蘸绵白糖。肉粽也有，但不是主流，吃得不多。没想到现在的粽子是以肉粽为主了，想吃白米粽赤豆粽倒要专门去找，这也是社会进步生活水平提高的体现吧。

粽子虽然好吃，但由糯米制成，不好消化。再加上五花肉、蛋黄这些高热量食材，一枚吃下去可以顶半天。偏偏端午这个节气，大家规矩规矩也好，客气客气也好，家里总要备几只粽子，走亲访友手里总要拎几只粽子。虽说粽子放在冰箱里不太会坏，但颇有些朋友家里粽子成了灾。再好吃的东西，一天两天三天，总会吃厌。有些真空包装的粽子冰冻一整年连外面塑料袋都没打开过的，不在少数。

说到肉粽，记得以前到邻居家看翻录的台湾录像带，邓丽君演唱会中，经常有劳军等场面。有一次邓丽君唱到一半，台下送上来一串粽子，邓丽君说道："今天我唱首歌，不但有得听，还有得吃，知道是什么歌吗？"台下穿着军装的阿兵哥刚才还正襟危坐，看有得吃也放松警惕了，一个个笑得合不拢嘴。邓丽君这才开腔："献给大家一首卖肉粽啦……自悲自叹歹命人……"

邓丽君的歌声虽然甜美，但在那个年代，闽南语歌曲终究欣赏不来。《卖肉粽》又名《烧肉粽》，很多歌星唱过，除了邓丽君版还有蔡琴版、费玉清版、余天版，等等。这首歌是台湾本土的音乐家张邱东松1949年的作品，描述的是市井小民的生活。当时国民党政府刚搬到台湾,物价飞涨,失业严重。台湾人一直期盼光复,没想到生活非但没有改善,反而社会动荡民不聊生。张邱东松原来的工作是"辩士",什么是辩士呢?并非律师的意思,而是在电影院里对原版电影作同声翻译的。后来在台北当初中音乐教师。一天晚上他批阅完学生的作业以后听到巷子里苍凉的"卖肉粽"的叫卖声,感时伤怀之际,写下了这首《卖肉粽》:

> 自悲自叹歹命人,父母本来很疼痛
> 乎我读书几落冬,出业头路无半项
> 暂时来卖烧肉粽……
>
> 要做生意真困难,那无本钱做未动
> 不正行为是唔通,所以暂时做这项……
>
> 物件一日一日贵,厝内头嘴这大堆
> 双脚走到欲铁腿,遇着无销上克亏……
>
> 要做大来唔敢望,欲做小来又无空
> 更深风冷脚手冻,谁人知阮的苦痛……
> 卖肉粽,烧肉粽,烧肉粽,卖烧肉粽……"

歌词是用闽南语写的,但不用翻译,大家都能看得懂,因为人的情感是相通的。可就是这样一首反映升斗小民生活的歌曲,还是和张邱东松的另外一些作品比如《收酒矸》等一道被禁了。但张邱东松的作品如此深入人心,虽然被禁多年,后来还是唱到街知巷闻。

疗伤大肉粽

要说到《卖肉粽》(或《烧肉粽》),唱这首歌最出名的,是闽南语巨星郭金发。

后来的郭金发长得像个在大陆做生意的台湾包工头,年轻时却是个标准帅哥。他的声音低沉、雄浑,不疾不徐恰到好处,真是把一个落魄男人的心境唱到了极致,那是真正的苦难的声音。相比之下,邓丽君版、蔡琴版或者是费玉清版,多多少少就是忆苦思甜的感觉了。

郭金发唱了一辈子《烧肉粽》,2016年10月8日在高雄表演,之前唱得好好的,唱到《烧肉粽》时,忽然晕厥倒地,送到医院已经停止呼吸。这首《烧肉粽》,是他的生命之歌。

不知从什么时候起,粽子已经不是什么稀罕物了,一年四季只要你想吃这一口,哪里都有得卖。高速公路走沪昆线,一出上海先到嘉兴,停车歇脚吃粽子,已经是标配了。粽子里包的东西,也变得越来越花哨,肉、火腿、蛋黄、肉松、虾、鲍鱼、松茸、芝士、菌菇……郭金发和邓丽君的时代成了过去,张邱东松先生的时代,更成了遥远的过去的过去。但不管世界怎样改变,粽子还是粽子,年轻人喜欢的周杰伦,也有一首《疗伤烧肉粽》,歌词中有这样的句子:"烧肉粽,如果你想吃不需要等到端午节。烧肉粽,你要酸的甜的苦的辣的随时给你。烧肉粽,酸甜苦辣的爱情请把它忘记。烧肉粽,我可以陪你也让你出气……"

所以,你家囤积的粽子能吃几天呢?

四如春和电风扇冷面

"冷"和"凉"都是两点水,应该是同义字,但用法却南北有别。在北京喝啤酒,人家问你要凉的还是常温的,要是按照上海的说法,回答"冷的"或"冰的",北京人会莫名其妙。上海人很少说"凉",一般都说"冷",凉白开,我们叫冷开水。夏天到了,北方人吃凉面,上海人吃冷面。其实是差不多的,但什么东西到了上海滩,难免讲究起来。

冷面是什么?面条放冷了再吃?其实冷面的花头筋透了。它号称"电风扇冷面",面要用小阔面,先蒸后煮再用电风扇吹,用麻油淋过,吃的时候浇上花生酱、芝麻酱、米醋和辣油。冷面的浇头当然也是冷的,三丝是标配,几乎人人都会点的,还有辣肉或辣酱。当然也有鳝丝、猪肝、大排、肉圆,但大鱼大肉吃冷的总归有点怪,即使非要掼派头,也一定要由青椒、茭白、绿豆芽来打底,这算是吃冷面的"潜规则"。

现在吃什么都要追根溯源，冷面的发明者据说是四如春。我想冷面这样的食物，一定是"劳动人民在长期的生产实践中自己摸索出来"的，"发明"这样的词是用不上的。但在上海冷面界，四如春的江湖地位确实是泰斗级的。根据我的猜测，冷面应该早就有了，但以前都是放在井水里浸，吃了难保不会拉肚子。

四如春推出电风扇冷面是20世纪50年代，那个时候大概只有国营点心店能用上"奢侈品"电风扇，因此成为首创者。制作工艺拆穿西洋镜，其实没有什么花头，四如春的技术很快被人家破解，上海遍地的点心店都做起冷面来。夏天一到，用玻璃在店堂里隔出一小间，电风扇呼呼地一吹，上海人的夏天来了。

冷面制作间

四如春在什么地方？有不同的说法。老卢湾和老静安的朋友坚持：四如春点心店开在瑞金一路延安中路（瑞金一路按照老一代的说法是圣母院路。圣母院路的名字在1943年就改掉了，见过这个路牌的人起码80岁以上）。还有个故事：当年瑞金一路延安中路口有一家瑞金剧场（上海解放前叫金都大剧院），是专门演越剧的，据说著名越剧大师毕春芳、戚雅仙散场出来吃汤团，大批戏迷尾随追星，闹出治安事件，史称"越剧迷大闹四如春"。

也有普陀的朋友不买账：四如春明明开在长寿路大自鸣钟那里。其实大家都没有错。老的四如春点心店1929年在圣母院路开张，老板是无锡人，但大师傅来自安徽，做的是苏锡帮的面条和安徽特色的汤团。冷面是1952年开始做的，首创先蒸后煮、电风扇吹的制作工艺，长寿路的四如春，是瑞金一路老店开的分店。随着城市的变迁，两家老店都消失了，石泉路这家"四如春食府"是新开的。面条、汤团这些苏锡帮和安徽帮的老点心，都已成为过去，只有这款被《上海通志》记载下来的电风扇冷面，从1952年一直吹到现在，和"四如春"这个名字绑定在一起，在普陀区老工人新村的弄堂口继续着它的故事。

和几位同事到石泉路"拔草"，纯属偶然。四如春虽然名声在外，但我却未曾尝试过。我有几位球友，每次锻炼后总是相约吃点东西，这天不知怎的，一来二去就来到这里。听上去离市中心有点远，其实交通还蛮方便的，驾车过苏州河上的常德路桥，拐个弯就到了。如假包换的老字号，一百年，是夸张的，但也足足九十年，从当年的圣母院路搬到这里的冷面鼻祖四如春。

来之前已经做过攻略，所以点单轻车熟路。每人二两冷面，我要加辣油，另两位老师告免。三丝、猪肝、面筋、双菇等，每人再加一块素鸡。听上去似乎很多,其实浇头的分量是人性化的,少少许胜多多许,真要是性价比很高,倒未必能吃得完。听说四如春的锅贴有名气,也叫了一两尝尝鲜,因为在炉子上烘的时间太长,所以底有点硬,馅心倒是不错,没有太多调味,是新鲜的肉香。招牌的冷面味道怎么样?我想它就是上海冷面的味道,众多老字号新字号都已经掌握了冷面的制作工艺,一共就那么几样调料,还能做出什么花样吗?来这里吃,只是为了看一看"四如春"这块招牌,尝一口从1952年传承至今的手艺。当然它没有让人失望,调味是正的,吃得出小时候的味道。环境是对的,90年代点心店的感觉。也许知道我们怀旧,店里的支付宝二维码也来凑热闹,手机扫啊扫,就是无法读取数据。好在我们都是老派人,兜里总有一沓现金,收银阿姨打招呼:"勿好意思哦"——重音在"意"上,诚恳的上海口音。

吃完冷面,忽然想起如果有一客刨冰就更完美了。可惜四如春没有刨冰,只有塑料杯装的绿豆汤,用加粗的塑料管吸食。可能因为没放什么添加剂,所以吃上去有点寡淡,连照片都忘了拍。

匆匆告别,又要回去各忙各的事了。四如春是上海冷面的鼻祖,至今保留着老上海冷面的口味。听说每到饭点,哪怕是40摄氏度的高温天,这里也是排长队的。当年上海的街头小巷,类似的点心店数不胜数,四如春独创冷面工艺,被写进上海的历史,至今仍能保留,很不容易。很多时候人们吃的不是味道,而是一份情怀,一种记忆。每次打开电视机看美食节目,主持人和那些店里请来的"托儿"总是夸张地说:"这就是我们小时候的味道",每次看到这些,我总感到很好笑。所谓小时候的味道,恐怕就是匮乏的味道,一点电风扇吹过的清冷面,加一勺青椒茭白绿豆芽,已经足够让人满足了。

即便如此,也不是时常能吃得到呢!

也谈甲鱼

甲鱼者,鳖也。俗称"王八",是乌龟的近亲,但没有"神龟虽寿"的福气,生长于江河湖海之中,却成为国人宴席上的美味。中国人吃鳖历史悠久,屈原《招魂》中有这样的句子:"胹鳖炮羔,有柘浆些",说明在屈大夫的时代,煮甲鱼和烤羊肉一样,都是席面上的大菜,还要加点"柘浆"(甘蔗汁),甜甜的才上档次。宋朝的山谷道人黄庭坚有诗云:"烹鹅杂股掌,炮鳖乱裙介",点出了鹅和甲鱼两样食材的精髓:吃鹅要吃大腿和爪子(股掌),而甲鱼,好就好在裙边。

甲鱼性温,除了肉用之外,一向作为补品。记得当年笔者刚开始工作时,办公室在南京东路永安大楼,七楼的七重天宾馆中餐厅有一道大菜"清炖甲鱼",没有过度的烹调,只是以葱姜料酒清炖,却是无上的美味。每次通宵加班过后,老师请客到餐厅加餐,当时年少气盛,一人一只清炖甲鱼,抽骨吸髓须臾净尽,吃得满手都是脂膏,还要"吮指回味"。前辈看在眼里,轻轻一笑:"小子,能吃是福,不过你体重要当心。"

甲鱼的烹制方法多种多样,加冰糖红烧、腹中塞入糯米八宝蒸制,都是难得的美味。甲鱼在餐桌上的地位,这些年有质的变化。原来有些类似于补品,是道隆重的大菜。随着国人营养程度的提高,"进补"不再是吃饭时重要的选项,大多数人到餐厅吃饭,希望吃得清淡、健康,甲鱼也回归到一道寻常美食的地位。

当年在瑞金二路靠近南昌路的地方,有一家麒麟宫酒家。此店开了多年,始终保持菜品的质量,很受老饕的欢迎。麒麟宫是香港歌星张国荣的粉丝"打卡"的地方,原来当年张国荣在世时经常住新锦江大酒店,"哥哥"闲来无事喜欢出来体验民生、品尝美食,不知怎地喜欢上了这个酒家。麒麟宫的老板是有心人,喜欢和到店吃饭的名人合影并张挂留念。多年下来,店堂里贴的名人合影很多,其中就包括张国荣。张国荣喜欢吃什么菜?粉丝自有一番考证,暂且不论。单说麒麟宫的看家名菜,有一道油炸小甲鱼,取十来厘米长短的小甲鱼,以盐酒葱姜码制入味后入油锅炸,既不挂粉也不斩件,每只索价不过十元。麒麟宫是我和中学同学喝酒聚会的固定场所之一(虽然我们从未在那里见过墙上照片里的名人),每去必点这味小甲鱼。不料世事多变,麒麟宫酒家前两年忽然消失,油炸小甲鱼的美味,也就成了回忆。

不知哪位美食家说过:人对食物味道的感觉,很多时候来自回忆。麒麟宫油炸小甲鱼的味道难再寻觅,而当年七重天宾馆清炖甲鱼的滋味,前两个月却无意中得之。老西门的金家坊、孔家弄一带早已动迁,但还有些住户。主人是朋友的朋友,喜欢烧菜也喜欢招待客人,就在孔家弄自家的老房子里搭起炉灶,成了朋友聚会的一个据点。主人的拿手菜不少，炸猪排、清炒鳝丝等，只只美味，但我吃下来印象最深的，非清炖甲鱼莫属。要说这只甲鱼的烹饪有何出奇之处，似乎也没有。不过就是葱姜料酒，但好在原汁原味，炖的火候也足，甲鱼壳一掰就开，连上裙边吸吮的一刹那，感觉回到了二十几年前的七重天，好像自己还是那个不需要考虑体重、可以通宵加班而不觉得辛苦的毛头小伙子。

甲鱼俗称"王八"，国人多以其名为骂人语。殊不知王八也有王八的脾气。吃甲鱼最好的季节是春天，所谓"菜花黄，甲鱼肥"，菜花甲鱼是最好吃的。天气一热，甲鱼换了个名字，成了"蚊子甲鱼"，即不堪再食。哪怕是只王八，也有王八的物性，不可不知也。

早年弄堂里常有收旧货的人经过，"鸡肫皮甲鱼壳"常常是连在一起喊的。甲鱼壳可以入药，洗净晒干后泡酒，据说可以治疗胸腹包块、积滞寒热等症。甲鱼壳的功效如何不得而知，甲鱼肉富含蛋白质，人们相信它的滋补功效。能配几支白蛋白固然好，等而下之，只能多吃几只甲鱼。回收"鸡肫皮甲鱼壳"的朋友精得很，专门往那几家跑。如今上海垃圾已经实施分类，谁家有鸡肫皮甲鱼壳，考虑的是千万不要搞错了干湿，回收"鸡肫皮甲鱼壳"的弄堂声音，也成了绝响。

大肠面

说到大肠,喜欢吃的人固然趋之若鹜,不爱吃的人总是避之不及。喜不喜欢,就像两个持不同意见的阵营,非此即彼,非黑即白,绝没有灰色地带。嗜肠之人几天不吃就要想这一口,哪怕排队也非吃不可。讨厌此味者,闻之掩鼻,尝之恶心,最狠的是白白眼睛,用一种冒充上流社会的特有腔调施施然地说:"个个物事阿拉不碰的……"似乎这么一说,身价骤然上了一个层次,在我看来,这不啻是对喜欢吃大肠的朋友的某种语言冷暴力。这样的"表演"对一名心心念念想要过瘾的人是否有震慑作用呢?可惜,一点没有,遭到的却是一句上海话的反击:"异样呱嗒(沪语中指矫情、做作,言谈举止怪异)。"

我想大肠不受人待见,可能有两个原因,一是部位不雅。俗话说猪的全身都是宝,猪的胃(肚子)、肝、肾脏(腰子)、皮(肉皮)、血等部位都上得了菜谱,甚至喜欢吸骨髓的都大有人在,为什么对大肠神经过敏呢？想必这个部位让人想到某些食物消化后必然产生的物质吧。二是气味不佳。我想内脏就没有干净的，胃里有食物残留，肝储存毒素，腰子有骚味，至于骨髓……是不是太残酷了一点。而关于大肠的气味，在嗜肠者中又分出两派。一派喜欢留点"脏器味"，似乎没有那么点淡淡的"黄金"味道，就像缺了点什么；另一派喜欢"干净"的，最好内壁的油全都拉尽，这样的吃法难免遭到大肠原教旨主义者的鄙视，但为了健康，好像也无可厚非。

笔者第一次尝大肠，是80年代在无锡农村老家过春节。农民杀猪以后，上好的腿肉肋排等腌制成咸肉，内脏因无法久荐，所以趁新鲜煮了。无锡农村有一味白煮新鲜大肠，配以豆香味十足的豆腐百叶，出锅时撒上一把蒜苗，实在是无上的美味。当时我只有十来岁，在上海只吃过肚子，骤尝此味还以为是肚子的另一种烧法。长辈亲戚笑而不语，让我吃了再说。一碗下肚才告诉我：这是大肠（无锡方言为肠脏）。我想人和食物的第一次亲密接触是很重要的，就像盲婚哑嫁时代的掀盖头，也好比相亲时的第一眼。看中了，一见钟情，就此成就一辈子的缘分，甩也甩不掉了。

大肠成为卢湾地界的一大招牌，实属意外。蒙自路丽园路一带原来是马路菜场，一位颈部略有畸形的汉子（外号缩头）在小菜场负责下水经营，后来做起小生意，卖过烤鸭，终于发现现炒内脏做面浇头，更能吸引渐渐忙碌起来的人们。这是大肠面的鼻祖缩头面发家的故事。复兴中路上的大肠面现在说是起源于1985年，其间有什么样的缘由，恕我孤陋寡闻。不过确实在90年代已经风靡一时。"大肠面"在卢湾是很有特色的：一是做法不一样，其他面馆都是现炒，他们是卤制的；二是店名既直率又泼辣，直接叫"大肠面"，在那个人们习惯了遮遮掩掩的时代,这个名字就像一块招牌,吸引着各路想尝鲜的人群。

关于大肠面当年的盛况,写过的文章太多了,什么隔壁家具店加点钱可以避免排队啊,什么老板娘永远不会记错你的面啊……这些就不赘述了。说到大肠面,我只吃过几次而已。一来我对排队实在视为畏途,二来有一些年,我有另外的渠道吃到更好吃的大肠。我的大学同学小费有几年在老闵行开了家餐馆,研发出一道炒大肠,滋味极佳。我和小费当年几乎每个周末都要聚一聚,文庙、陕西南路淘淘书,长寿路、大自鸣钟淘淘碟,晚上就到长寿路南华火锅城吃一顿。小费会从老闵行的餐厅里带来洗干净焯过水的大肠,带到火锅店品尝。那种味道,确实是任何面馆无法比拟的。

复兴中路大肠面馆搬家以后,我去过一次。生意还是一样火爆,但我去的时间点合适,七点多,吃晚饭的人已经散了。不过遗

大肠面

憾的是辣肉、烤麸都卖完了，浇头只剩下大肠和榨菜。按照大肠面的规矩，是不是应该叫"大榨"呢？加个鸡蛋可以叫"大炸弹"了。不久面端上来，还是过去的味道，软糯又有咬劲，用上海话说，有点"拧吊"，正是我喜欢的口味。内壁的油洗得干干净净，似有若无的一点内脏味道，应该是中庸派，属于大肠料理中的"最大公约数"。吃口略甜，北方的朋友或许不太习惯，但在上海吃东西，不加点糖还有什么意思呢？一口大肠面，直接回到了1985年，就是这个味。

我去那天，没有看到老板娘，店里增加了不少安徽口音的服务员，脑子也很好，点单、找座、送面，业务很熟练，这是他们吃饭的活计。关于大辣烤，写过的人很多了，其实他们家的焖肉特别有意思，却几乎没有人写。大肠面的焖肉是老式的。人家一般是瘦三肥七，他们家是瘦一肥九，瘦肉只有中间一条线。我的"发小"小刚，一米八六、两百多斤的模子，有一次叫了一份大肠加一块焖肉，吃到一半愣是"登牢了"（沪语意为吃撑了）。这大概也是老卢湾面馆的某种豪情吧。希望疫情散去之后早日再去品尝大肠面，当然，焖肉终究是不敢领教的……

哈斗就是hotdog

　　上海人喜欢吃西式糕点，掼奶油、蛋筒、蝴蝶酥、别司忌，等等。笔者这些年走南闯北去过不少地方，有名气的甜品也尝过一些，吃下来还是上海的甜品最对味。家乡的味道最迷人，这是不消说的。

　　从口味上讲，海派西式糕点是"中西结合"，裹着西式的外皮，却不像舶来品那么甜、那么腻，分量也根据中国人的饭量进行了相应的调整，一客下肚刚刚好。不像国外那些甜点，上来就是一大块，让人有无从下口的踌躇。尝一口，甜得直窜脑门。更有一大坨奶油，像不要钱那样地跟在盘子里，让你吃又吃不下，不吃又舍不得。上海这么多甜品中，各人有各人的最爱。我最喜欢的，是哈斗。

　　为什么喜欢哈斗？说起来不好意思，就是因为小时候条件一般嘛，吃一次奶油西点是件隆重的事情，奶油、蛋糕、巧克力，最好能一次性满足。哈斗就是这样一种能够满足人最原始需求的食物。内层是洁白细嫩的白脱，中间是酥脆硬质的酥皮，最外面是一层巧

哈斗

克力硬壳,有奶,有淀粉,有黄油,还有巧克力,似乎物资匮乏时代人们对糕点的所有期望,全都浓缩在这枚小小的哈斗之中了。

从口感上说,外层的甜,中层的韧,内层的滑,巧妙地结合在一起,丰富、滋润、绵密,一枚哈斗在手,还有什么念想呢?小时候吃枚哈斗不易,如今有条件了,上海的各种老字号西饼店都有哈斗供应,有些还作了创新,外层浇的巧克力换成了白巧克力或加上了五颜六色的果酱,有的还放入坚果碎等增加口感。但"众里寻他千百度",我最喜欢的哈斗只有一家:凯司令的原味巧克力哈斗,独此一家,用现在流行的话说,其他都是异端。

哈斗好吃,但问题也随之而来:显而易见"哈斗"是个外来语,那么它的原文究竟是什么呢?怎么写、怎么念?"大胆假设"

哈斗就是 hotdog

容易，但"小心求证"就没那么容易了。我大概是2016年时想到这个问题的，于是就效仿胡适先生，卷起袖子找证据了。正式的说法，哈斗属于泡芙（puff）的一种，外观是圆形的、没有浇巧克力的，叫泡芙，外观长形、外面有一层巧克力的，叫Éclairs，也就是哈斗了。Éclairs是个法语词，"照明、闪电"的意思，寓意哈斗那层巧克力外皮像闪电那样明亮。再想到老上海的西式糕点大多出自原法租界，好像说得过去，但"Éclairs"的读音和"哈斗"差别实在太大，大到你无法把这两个词放在一起。考证出哈斗的法文名字，但没有回答哈斗究竟是个什么词。

当年法租界开西饼店的，大多是俄罗斯人，正好2018年到俄罗斯出差，我把这个问题抛给了当地人。泡芙？Éclairs？哈斗？"战斗民族"在我的问题面前也抓耳挠腮说不出个所以然，把我带到西饼店，果然有类似哈斗的食物，然后说出一大堆我听不懂的俄语，好像叫"皮罗绍克"什么的，还有"烧口拉特"。我说：这个我知道，巧克力嘛，我只想知道"哈斗，哈斗，你明白吗？"，俄罗斯老大哥鹦鹉学舌地跟了一句："哈斗……"耸耸肩，和我说"达斯维达尼亚"（再见）了。

这个疑问不久前终于被解开，我在网上看到几位网友聊天，有位朋友解释：所谓"哈斗"，如果从法语或俄语去找源头，一定是缘木求鱼。"哈斗"者，就是英语"hotdog"，热狗也。朋友如此一说，茅塞顿开。这个故事也就能说得清楚了。我猜想哈斗这种法国式的食物，应该是在20世纪40年代末进入上海的，Éclairs这样的法语词，说起来比较拗口，因为它的外形像热狗，所以就有了个美国式的外国名字：哈斗。不信你读一下hotdog这个词，用美式发音，不就和"哈斗"一模一样吗？

一枚小小的哈斗，吃了几十年，探索了好几年，总算知道它名字的来源。吃点东西，果然是不容易。很多童年时美好的东西，现在都变了味。有时拿着一枚哈斗，会有朋友劝我：不健康啊，里头都是反式脂肪；也有人说：那么甜，小心发胖。而我总是这样回应：管那么多呢，吃了这一顿再说吧。

涮羊肉的吃法

上海的冬天不像以前那么冷,羊肉倒是火热。以前很多人嫌弃羊肉有膻味,现在这样的人越来越少了。羊肉比猪肉贵得多,但现在猪肉身价百倍,羊肉好像也就那么回事了。猪肉的吃法千姿百态,羊肉则相对比较简单,红烧、白切、炖汤、烧烤,把羊肉剁来做馅不多见,因为羊身上乱七八糟的肉确实少,整块的肉终究比"臊子"吃起来过瘾,连皮带肉煮来吃,是对好肉的尊重。哦,对了,还有一种吃法:涮。说到"涮",问题来了:"刷"字加上三点水,上海话怎么读?

现在即使是老上海,在读到"涮羊肉"时,也都读成"sa羊肉",听上去像是"刷羊肉"。其实"涮"和"刷"是不同的两个字。"涮"字《康熙字典》里有,"生患切",用上海话读,应该类似于"算"或"蒜","suan羊肉",这才是上海话准确的读音。而"刷"是"数滑切",读音和"刹羊肉"比较像。但就笔者耳力所及,

"suan羊肉"的读法几近绝迹,谁要是说"我们去吃一顿'suan'羊肉",一定会为人侧目。而说到吃"sa羊肉",大家就开心了。

"涮"在民间的口碑输给"刷",倒怪不得说上海话的上海人。要知道从前吃点猪肉都要凭票,一般老百姓除非少数民族,吃羊肉的机会很少,涮也好,刷也好,拿口铜锅涮羊肉片子,是90年代以后的事了,都属于北方的"外来语"。既然是方言的"外来语",自然较不得真。"刷"的时间长了,"sa"的人多了,正宗的"涮"反而成了异类。

当然有人说:从前开在新城隍庙那里的老字号洪长兴如何如何,我想说是这么说,说这话的朋友,当年每月定量的粮票肉票油票和一般人是差不多的,洪长兴的记忆,恐怕是被无限放大的。

离洪长兴不远的地方,宁海东路"涮羊肉一条街"也很有特色。新梅居的老板是回族,祖籍河南,生于上海。1982年"下海经商",在宁海东路280号开了"新梅居",主打产品就是涮羊肉。新梅居号称"上海第一家热气涮羊肉店",当年大世界、大舞台、天蟾舞台、共舞台等戏曲演出还很兴盛,一来二去,新梅居生意好得不得了。

新梅居的竞争对手是月圆,它的前身不是做涮羊肉的,而是开在新梅居附近的酒家。看着新梅居生意红火,他们也"多种经营",搞起涮羊肉来。一做,还真就做出名堂来了。一方面,有了新梅居和月圆两家人家,宁海东路涮羊肉成了一块招牌,两家虽有竞争,却是相互促进。另一方面,月圆在菜品上和新梅居比,确实要丰富些。

新梅居是清真餐厅,原则性问题非常讲究,外菜莫入,半点马虎不得。反观月圆就没什么包袱,蛋饺、午餐肉、贡丸等上海人熟悉的火锅配料这里都有。云南路上你自己买个馕,或是半个盐水鸭、一盒小笼馒头到店里吃,也不会受到阻止。另外,月圆火锅还有一道独门菜肴:荠菜百叶包,那真是久煮不散,鲜美无比。追根溯源,这道荠菜百叶包是最早"月圆酒家"的遗存呢。

按照北京的说法,吃涮羊肉分"文吃"和"武吃"。所谓"文吃",就是一片一片涮,一片一片吃。我吃涮羊肉一般都是文吃,肉下去抖几抖,筷子夹住的地方稍微松一松,马上又夹紧,既怕肉不熟,又怕肉跑了。而"武吃"则是一盆羊肉统统倒下去,捣腾几下熟了,各自夹来吃。传说文吃和武吃的口味不尽相同,我倒没吃出什么区别。后来有一次看马未都上一档谈话节目,说到他们大院子弟吃涮羊肉,从来没有文吃一说。文吃,那是因为吃不起,而有钱人吃羊肉,就应该是一盆倒下去的。那种豪气,我只能啧啧称叹。

吃涮羊肉要人多才来劲。有一位朋友喜欢吃羊肉,每每羊肉局总少不了他。肉端上来,他总是殷勤地把肉一股脑儿倒在锅子里,趁着大家吃肉的当口开始打听各种事情,所谓"寻找商机"。一旦发现聊不出生意经,这位朋友的表情也像炉子里的炭火那样一点点冷下来,玩一会儿手机便要提前告辞了。

涮羊肉

后来他不知怎的走了财运,被人"总"啊"董"啊的叫了起来,穿着打扮谈吐举止都不一样了。偶尔也约出来吃羊肉,再也不玩武吃了,一片一片涮得认真,吃到嘴里还要回味一下,感觉像是美食节目的主持人。"吃羊肉就要吃新鲜,冰过的我不要吃的……",如果有人来武吃那一套,他会正色阻止:"朋友,有点腔调好不好,刷羊肉呀,一片一片么才叫刷羊肉呀,像侬这样吃法,像强盗抢一样!"

那个"刷"字,读得特别响亮。

刀鱼和老半斋

中国人讲究"不时不食",但有时过于执着也让人困惑。清明节是个重大的"时",很多食物都和清明节有关,比如茶叶,清明之前采摘的"明前"和雨水之前采摘的"雨前"价值大不一样。还有什么"清明螺蛳赛过鹅"的说法,感觉好像时间点一过,螺蛳会变成鸭子似的。

在众多清明时令食物中,刀鱼可能是最考究、也是最贵的。刀鱼本是在海里生活的。也不知哪根筋搭牢,每年二、三月份要洄游到长江里来繁殖下一代,被饿得两眼放光的渔民一把"搭牢",一搭几千年,也没吸取教训,每年春风一吹,它们就要来"送死",成了传说中的"长江四鲜"之一。海里的刀鱼不值钱,居酒屋里烤一条,几十块钱就是不错的了——那是秋刀鱼。清明节吃的是江刀,而且必须是野生的。一个著名的传说是:清明之前,刀鱼的骨头柔软如绵,清明一过,就硬如石头不堪再食。听上去好像清明节晚上12点钟就是个"deadline"或者是"changepoint",时间一到,"嘎巴"一下,软骨变硬骨,丝线成钢针,是这样吗?

刀鱼价昂,近年来随着长江生态环境的变化,野生刀鱼产量急剧减少,长江已经禁渔,干脆断了念想。"余生也早",吃过几次刀鱼,究竟有多鲜美?恕我直言,终究敌不过味精,也就是那么回事。不过有两次吃刀鱼的经历,倒还蛮有趣的。

有一次是十几年前了,接待一位从德国留学回国的博士,其祖籍是河南。那天席设南京东路新雅粤菜馆,博士看着菜单说:"都是广东菜啊,有没有上海菜尝尝味道。"当时要是点个响油鳝糊或者红烧肉,也就凑合过去了,但我是实在人啊,一看菜单上印着"清蒸刀鱼",来吧!好朋友远道而来,花点钱算什么?不一会儿刀鱼上

刀鱼

来了，德国留学的大博士啊，也算吃过洋面包见过大世面，那条鱼吃得真叫痛苦，汁水淋漓吃了一脸，细碎的鱼肉满碟子都是，估计没尝出什么味来。刀鱼撤下去，博士夹起一块冷掉的蚝油牛肉，使劲朝米饭里塞了塞，扒拉了一大口，满足地说："还是这个香。"

还有一次，有位兄弟祖籍南通，叔叔在当地开了家餐馆，初春时节邀请我们去尝鲜。叔叔家的餐馆虽然开在南通，经营的却是上海特色，其中最有名的菜是两道：三黄鸡和捂酥豆。拖家带口几车人，驱车两个小时到了那里，三黄鸡和捂酥豆上来被一扫而光，个个吃得啧啧称赞。几轮酒一过，都有点晕了。就在这时叔叔上了大菜：满满当当一大盆刀鱼，平均一人两条的量。可惜这时候人人都是酒足饭饱的状态，舌头都大了，哪里还吃得出味道。匆匆忙忙吃了点儿，剩下的不知叔叔怎么处理了。想想作孽，更对不起的，是叔叔的一片心。

上海吃刀鱼最有名的地方，莫过于福州路浙江路口的老半斋了。老半斋是家百年老店，号称"since 1905"。原来开在汉口路湖北路，后来响应动迁搬到了现在的地址。我最早上班是在南京东路浙江路，所以有幸到老的"老半斋"吃过几次饭，只是刀鱼从来没有尝试过。搬到新地址以后，我偶尔会去吃一碗爆鳝煨面加块肴肉，那还是老味道，相当不错的。只是老半斋的地理位置好，开在福州路文化街，逛书店老是路过，可以进去怀怀旧。

老半斋每年春天供应上海独一份的"刀鱼汁面"，可算沪上一景。所谓"刀鱼汁面"，里面当然没有刀鱼，只是光面一碗，号称是用小刀鱼的肉和猪骨、鸡骨熬出来的浓汤，汤底的质地有点类似薄的白米粥汤，腥味比较大（否则如何证明里面真的有刀鱼），价钱倒还可以接受。前几年去吃过一次，发誓不再去了。刀鱼汁的味

刀鱼汁面

刀鱼和老半斋

道我是不懂，但面怎么回事我还知道一点。无论如何，事先下好的面，接到单子以后再放进沸水里烫一烫，多少有点敷衍。

虽然对老半斋的"吐槽"不少，每年这个季节它的生意却不差。毕竟吃了很多年，一些搬到郊区的老上海哪怕换几部地铁，心心念念的就是这口"老味道"，所以老半斋只要到老时间牌子一挂，即刻门庭若市起来。

我在老半斋吃过一次满意的，却和刀鱼没有关系，是我同学胖胖请的，那是上个世纪的事情了。淮扬菜无非是干丝、肴肉、软兜等等，材料并不出奇，功夫全在厨师的手上。内中有一道"蜜汁火方"实在惊艳，时隔多年以后，那阵醇香依然在口舌之间游荡，可惜那份滋味已无处可寻。当时胖胖正在酝酿移民，一边吃一边感叹："不知什么时候才能吃到这一口。"一晃很多年过去了，胖胖又回国了，生儿育女，我们都成了中年人，有时也一道喝喝酒，只是老半斋没再去过，不知老半斋烧"蜜汁火方"的老师傅还在不在店里。

永远排队不息的"光明邨"

有句老话：寒天吃冷水，点点在心头。对这句话的含义，有那么一段时间，大多数上海人不会无感。曾几何时，在"光明邨"排队买鲜肉月饼、买熟食卤味，让人觉得有"轧闹猛"之嫌。然而今时今日，"光明邨"却像它的名字一样，以门前排队的人流，带给人们光明和希望。

不知哪位朋友在文章里写过：只要"光明邨"还在排队，就感觉世界还是光明的。这句话曾是某种揶揄或是嘲讽，如今看来却是千真万确。在"光明邨"排队的，多是老年人。上海是老龄化社会，老年人恢复了活力，城市的活力也会慢慢回来。

淮海中路原名霞飞路，近百年来始终引领上海的时尚潮流，这是风水还是什么原因？谁知道呢。但像歌词里唱的："成功，失败，浪里看不出有没有"，淮海路上的店家潮来潮往，真正能长盛不衰的并不多。想当年在淮海路上吃点东西，广帮有"大同烤鸭"，川扬帮有"绿野饭店",西域风味有"天山回民",西餐有"天鹅阁",还有老松顺、茅山酒家、上海西菜社、江夏点心店……实在数不胜数。但这些名字,都已是上海人心中的回忆,再也见不到了。相比之下,位于淮海中路成都南路的"光明邨"既非百年老店,也缺乏有别于其他品牌的"独家拳头产品",但那么多名气更大、历史更悠久的商家消失了,那么多新的品牌、新的商家从开始的人头攒动到后来的门可罗雀,但"光明邨"至少在近三十年来始终屹立不倒,说它是淮海路的传奇,一点都不夸张。

"光明邨"的房子原来和食品并无关联,是时装店和首饰行。1956年公私合营,利用淮海中路586—590号三家门面,淮海中路和成都南路附近几家小点心摊贩被合并在一起。"光明邨"的名字本来

淮海中路上的光明邨大酒家

也有,是开在今天TX淮海位置的一家锅贴店。另外加入的还有成都南路上的点心摊和烘山芋摊、长乐路上的酒酿饼摊等。这些商家本都是小本经营,合并在一起,称为"淮海食堂",顾名思义,走的是大众路线。我曾在一本淮海中路的画册中找到一张"卢湾区淮海中路合作食堂"的旧照,以为是"光明邨"的前身,后经卢湾老档案人汪志星老师指认,这张"淮海中路合作食堂"的照片是在淮海中路淡水路附近拍摄的,后改名"淮海食品店",90年代建设南北高架时拆除,和"光明邨"并无关系。

"光明邨"最早是做锅贴的,还有烘山芋和酒酿饼的基因,很多老上海对它的印象则是鲜肉和蔬菜馒头。以鲜肉月饼和熟食卤味出名,似乎是90年代以后的事情了。1993年淮海中路为建造地铁一号线而进行了一次大改造,本来只有门面房的"光明邨"抓住机遇,将楼上居民动迁,才有了今天的"光明邨大酒店",隶属于丰裕集团,从此开启了一段传奇。有人说光明邨的熟食卤味味道和丰裕生煎的差不多,但光明邨的选料更精,定位是不一样的。我记得90年代的"光明邨",二楼曾供应火锅,价廉物美很受欢迎。如今"光明邨"隔壁的真丝大王,曾是上海第一家麦当劳餐厅。犹记得当年经常和同学在"光明邨"二楼吃火锅,口干舌燥之际,到楼下麦当劳买草莓奶昔解渴,曾是大学时代难得的享受。如今这家麦当劳早已停业,草莓奶昔也从麦当劳的菜单中消失多年,大学时代简单的快乐早就成了过去。

再后来,"光明邨"忽然就火爆起来。有人说他们打的是价格战,同是鲜肉月饼和熟食卤味,"光明邨"的价格比对面的长春食品店便宜;也有人说确实是价廉物美值得一尝。光明邨的鲜肉月饼,据说木质的锅盖是特色。因其透气可以保持月饼的干爽,改成不锈钢锅盖则风味全无。总之"光明邨"成了传奇,每次路过,总被那里排队的人流所震撼。看看电视里美食节目采访阿姨爷叔,这位是早上三点从郊区赶过来,一定要买只光明邨的酱鸭带回去,那位带着小矮凳半夜就排上了,鲜肉月饼要送人的。我不知道收到那盒鲜肉月饼的朋友内心是何种感受,那可是老人的一份心和七八个小时的付出啊,要怎样还礼才能问心无愧。

"光明邨"的火爆带动了整个街区的繁荣,什么美式炸鸡、京味点心……那一段淮海路诞生了很多生意火爆的"网红",但年轻人的热潮很快过去,只有"光明邨"靠着排队的阿姨爷叔,始终人气不减。年轻人是多变的,而老人的忠诚和执着时常令人感动。从事创意产业的朋友喜欢谈"未来",殊不知只有抓住了过去,才是抓

冒雨在光明邨门前排队的人们

住了现实。未来？毕竟是虚无缥缈的。光明邨的二楼提供点心，有面条、馄饨等，三楼、四楼有炒菜，据说想订个"光明邨"的包房难如上青天，想想也让人望而生畏。

只要"光明邨"还在排队，世界就还是光明的。现在我深刻地领会了这句话所隐藏的意义。排过其他队的人才能真正理解，能够排队买点吃的，那是多么幸福的事情。我想今后我不会再用嘲讽的语气来说"光明邨"，我希望"光明邨"门前永远有那么多人，我希望上海的其他店家也像"光明邨"一样生意兴隆、早晚排队。有机会我要再去"光明邨"楼上吃碗辣酱面或者大馄饨，当然如果能到传说中的"光明邨"包房体验一下，那就更好不过了。当然，为了吃一口鲜肉月饼或者酱鸭、糟货排长队，我依然视为畏途，拥挤的人群，或许看看就好……

跋

繁华万象，信步所及

人的一生说长不长说短不短。有时碰上菩萨，有时遇到罗刹，宿缘。

慈悲喜舍，快乐之源。杂花生树，群莺乱飞。

过去一些年，絮絮叨叨啰啰嗦嗦。未来更多年，继续走，继续望，继续写，继续野。

穿行，

在层层叠叠的高楼和声声色色的街道间；在冷冷暖暖的生活和恍恍惚惚的历史间；高高低低行行摄摄说说笑笑，迷路看风光。

想起一句广告语：一座城的繁华万象，不过是一场信步所及。